川島典子 [編著]

人口減少社会の
地域経営政策

Regional Management Policy
of a Society with a Declining Population

晃洋書房

は じ め に

　日本は，すでに人口減少社会に突入している．行政職員や専門職はおろか，地域のボランティアさえ高齢化している中山間地域においては，地域を持続可能なものにするための効率的な地域経営が求められている．いや，中山間地域だけではない．近隣市町村と合併した都市部や準都市部でも都市部の地域特性と農村部の地域特性の双方を併せ持たざるを得なくなった市町は多いはずだ．

　そんな人口減少社会において，それぞれの市町村を持続可能なものにしていくための地域経営に関するヒントが，本書には散りばめられている．

　地域経営を行うのは，行政だけではない．NPO 法人を含む民間の団体や地域のボランティア，その他のソーシャル・キャピタルなどと行政との協働，いわゆるローカル・ガバナンスの下に行われていくべきであろう．それゆえ，本書では，公共政策や地方自治のみならず，NPO および社会的企業などの視座からも地域経営について述べている．

　また，各論として，保健医療・福祉，文化・観光政策，まちづくりなどの観点から地域経営を読み解く章も加えた．さらに，人口減少を補う外国人労働の章も設けたが，農村振興の課題のみにとどまり，外国人労働者による介護人材の補充や，出雲村田製作所へのブラジル人誘致による人口増加政策を履行した出雲市の事例など種々の事例にふれられていないことに関しては，ご寛容いただきたい．加えて，コロナ渦時代の今後あるべき姿として，AI やロボットなどによる地域情報学に関する章も設けている．

　分担執筆者の専門領域も，政策学，経営工学，社会学，医学，社会福祉学，文化観光政策，農村研究，情報学など様々であり，その上に，現場の元市長や元公務員なども執筆陣に加わっていただいた．

　第 1 章から第 4 章までは総論であり，第 5 章から第 8 章までは各論になっている．さらに，第 9 章から第 11 章では，事例を駆使した章とした．

　本書は，地域政策や地域経営政策について考える講義などの教科書としても，あるいは一般書としても使用できる．また，学部生の皆さんのみならず，院生や研究者の皆様方にもお読みいただけるよう，極めて学術的な硬派の章と読み

やすい章の双方を収めた．是非，行政の職員さんや，NPO 法人，およびまちづくりに関する民間の団体の方々，地域のボランティアの方々にも，お読みいただきたい書である．

「地域経営」の概念については諸説あり，あえて本書では詳しくはふれていない．要は，人口減少社会において，我々が住む愛するふるさとを消滅させることなく持続可能なものにしていくための処方箋とは何であるのか？　ということに集約して本書を編集した．持続可能な地域の地域経営について，読者の皆様方と共に考えていければ幸いである．

表紙の写真は，編者が撮影した天橋立の夜明けである．人口減少社会を単なる闇ととらえずに，各自治体や民間の団体との協働による創意工夫によって，やがて美しい夜明けを迎える時代の到来ととらえたい．そんな願いをこめて，本書を編んだ．

いつの世も，時代の変遷に伴うさまざまな課題は必ず発生する．しかし，明けない夜はないと信じて，前に進んでいきたいものである．

2022 年 5 月

著者を代表して　編者・川 島 典 子

目　　次

第*1*章　地域経営と公共政策

原田　徹

はじめに

　地域社会を構成するのはその地域の人々である．地域社会には公的組織としての地方政府（市役所，町役場などのローカルガバメント）が設置されているが，その役割は，地域の人々の共通目的を達成したり共通の問題を解決したりすることである．こうした地方政府による地域社会に向けた活動や，あるいは地方政府そのものが，長らく行政と呼ばれてきた．

　それに比べると新しい「地域経営」という言葉も，ひとまずは活動としての行政とほぼ同じ意味で捉えてさしつかえないだろう．とはいえ，行政ではなくあえて地域経営という言葉が用いられるとき，そこに込められている考え方とは，公権力をもった行政主体としての政府が上から一方的に地域社会を統治・管理・支配するというのではなく，地域社会の人々のニーズを把握しながら，理想的には地方政府と地域の人々が一緒になってより民主的に地域を運営していくのがよいというものである．つまり，地域経営は，「ガバメントからガバナンスへ」と標語的に言われてきたところの「ガバナンス」という概念にも似ている．

　本章では，地域経営を具体的に実践するための手段であり，主に地方政府が地域社会に働きかけていくための道具立てであるところの公共政策のあり方を検討していく．公共政策とは「公共的問題（政策問題）を解決するための，解決の方向性と具体的手段」のことである（秋吉 2020）．公共政策を具体的に設計・決定・実施していく作業は，地域の人々と関わりつつも，地方政府の職員が中心的に担っている．その公共政策の設計・遂行が合理的・効率的に行われているか，また，公共政策の過程にどのような利害関係者や諸制度が影響を及

ぼすのかに関心を寄せる公共政策学という学問分野も存在する．この公共政策学での知見を手がかりとしつつ，本章では特に近年の人口減少社会というテーマを意識しながら，地域経営におけるあるべき公共政策の姿に迫りたい．

ところで，この人口減少社会との関わりで公共政策を考察するためには，単独の地域社会のなかに限定した議論だけでは足りず，複眼的な視野を持たなければならない．なぜなら，地域社会の人口減少に伴う問題に単独では適切に対処できない場合に，近接する地方政府どうしが連携したり，市町村が都道府県というより上層の単位の政府の支援を受けたりする動きがあるほか，逆に減少した人口規模に合わせて市町村よりも小さな単位へと行政機能の集約が目指されるといった具合に，行政や政府単位が多層化しつつ再編成されているからである．このような公共空間の再編成のあり方を設計するという営為自体は，そのきっかけ作りの多くを国が担ってきたという経緯はさておき，地方政府にとっても，個々の公共政策を展開していくまさにその舞台となるべき区域の設計・選択を行うという意味で，メタレベルの公共政策として理解しなければならない．

本章の構成は次のとおりである．第1節では，人口減少社会の到来とともに公共空間・社会空間が伸縮的に再編成される意味を考えやすくするため，政府体系という概念の助けを借りながら，政府単位がタテの関係で垂直的に多層化すると同時に，ヨコの関係でも水平的に自治体間連携が広域化するという現象の見取り図を得るようにしたい．第2節では，地域社会のなかでの公共政策のあり方へと焦点を絞りこんだ上で，人口減少社会との関わりで地方政府が公共政策をデザインしていく際の課題や合意形成のあり方を，公共政策学の知見に照らして検討する．第3節では，再び多層化・広域化する政府体系を見渡しつつ，国と自治体をまたいで近年展開されている地方創生関連の具体的な公共政策を確認し，人口減少対策としての有効性を考察する．最後に，地域経営における公共政策のあるべき姿について付言する．

第1節　公共空間の再編成と政府体系

1-1　人口減少と政府間関係の再編成

将来人口推計によれば，日本の人口は2008年の約1億2800万人でピークに

達して以降は一貫して減少に転じ，2100年には4950万人程度になると見込まれている．日本の21世紀が人口減少の時代となることは1990年代半ばには統計的に先読みできていた（大江 2017）．それから20年以上が経過したいま，私たちはすでに人口減少を現実のものとして体感している．人口減少は，我々が初めて経験する事態であって，それに伴う社会活力の低下や購買力の減少など負の側面が強調されることが多い．他方で，歴史人口学という分野では，人口減少を，必ずしも防ぐべき社会病理として悲観的にばかり考える必要はなく，ヨーロッパ諸国などの先進国でも共通する文明システムの成熟に随伴する現象として見るむきもある（鬼頭 2000）．ただし，これほど大上段に構えなくとも，少子化の劇的な回復が見込めないことを悟った国や自治体の担当者らの発想としては，人口の維持・増加に向けた取り組みの意義を引き続き尊びつつも，人口減少を不可避の既定路線として冷静に受けとめた上で，それがもたらす諸問題への対策を講じることへとシフトしてきている．

　人口減少によって地域社会にはどのような問題が生じるのだろうか．地域経営の観点からはまず何よりも行政サービスの維持が困難になることが危惧される．人口減少が徴収する住民税の減少につながるのはわかりやすいだろう．だがそれだけではない．国から自治体への財政移転の仕組みである地方交付税は，その算定基準となる多くの経費項目の測定単位に住民人口が設定されているため，人口減少が著しい自治体ほど国からの交付額が減ることになり，地方政府の財政をひっ迫させることになる．その結果，たとえば，昭和の高度成長期に整備した道路や橋などの老朽化したインフラの補修が必要であるにもかかわらず，財源不足で後回しにされるといった事態を招く（読売新聞 2018）．こうして行政サービスの維持に困難を抱える自治体が出てきた事態を受けて，後に検討するが，連携中枢都市圏や市町村の行政サービスを都道府県が補完するといった圏域連携・広域連携のモデルが考案され，実践に移され始めている．

　これは，人口減少による行政サービスの持続性に苦しむ自治体の機能を補うために，近隣の地方政府どうしの連携や，上層の政府と下層の政府との関係性の見直しを通じて，複数の政府間の役割分担を再編成することで問題解決を図ろうとするメタレベルの公共政策に相当する．もちろん，国に加えて複数の地方政府が多層的な拡がりをもつという状態そのものは，人口減少社会の到来以前から存在していた．しかし，国・都道府県・市町村という垂直的な政府間で

の当初の役割分担・権限区分の設定それ自体を新たに組み替えることで，また，典型的には市町村合併のように並存する水平的な政府間での区画自体をリスケーリングすることで，人口減少に伴う問題に対処しようとするからこそ「再」編成という表現になるのである．このタテとヨコの政府間関係を一体的に捉える概念のことを政府体系と呼ぶ．政府体系のあり方を考察する上で便利なモデルをすぐ後に紹介するが，その前に，こうした地域的な政治・行政組織の役割，区画を再編成するという動きは，日本だけにとどまらず世界的な動向であることを確認しておこう．

　自治体間連携を国際比較した加茂は，「区域改革の統合・拡大と分割・縮小の並行的進展」という現象に注目している（加茂 2017）．この現象は，1990 年代初頭以降，政府にかかる財政圧力，都市化，グローバル化，高度情報化などへの政策的対応として，それゆえ必ずしも人口減少だけが原因のすべてではないものの，OECD 諸国で進展した現象としてフィンランドの区域改革研究者ハヴェリが最初に取り上げたものだった．ここでいう「統合・拡大」のメリットは，自治体合併が規模の利益や地域的な資源確保を可能として，行政の効率化や自立化をもたらすことであるのに対して，「分割・縮小」のメリットは，分散的な構造が住民に居住地選択の機会をあたえ，多様な自治体が競争する「公共市場」を提供し，市民参加や地域デモクラシーを可能にすることに見いだされていた．たしかにヨーロッパに目を向ければ，各国の政府単位の上のEU という国際次元の政府単位があることに象徴されるように，上方に向けた「統合・拡大」というベクトルがある一方で，各国のなかでは分権どころか分離・独立を志向する自治体もある．たとえば，イギリス自体は EU から離脱したが，そのイギリスの地方政府の 1 つであるスコットランドは，イギリスからの分離・独立を望みつつも（山崎 2011），EU に新たに加盟（し直）したいという志向性を示しており（力久 2017），政府体系の層をまたぐ錯綜した再編成が縦横に伸縮的に構想されているのである．

1-2　垂直的な政府体系モデル

　垂直的な政府体系については，規範的な権限区分論として「補完性原理」が有名である．これは「人びとに近い下層の政府がなるべく多くの役割を担うべきであり，下層政府ではどうしても無理な役割に限って補完的にその直上層の

政府が担当するのがよい」という考え方である．これとは別に，ここでは最も単純な二層制を想定して，上層の政府と下層の政府との間の役割分担・権限区分の基本モデルとなる2つを提示しておきたい．元はアメリカ連邦制度の考察から導出されたモデルだが，ここでは単純に国と自治体という設定例で考えてもかまわないだろう．

　1つは「制限列挙モデル」である．これは国と自治体の役割分担をはっきりと分けるモデルである．自治体が担当すべき政策分野や担当事務を予め憲法や国レベルの法律でリストとして挙げておき，自治体はその範囲内であれば国から口出しされることなく自律的に活動できる．上層政府である国の担当事項のリストはない場合もあるが，あったとしても例示列挙とみなされる．他方で，自治体のリストは制限列挙とされ，そこに含まれない政策分野や事務はすべて国が担当すべきであり，自治体がそれに関与するのは権限の逸脱とみなされる．以上のモデルは，権限区分を比較的はっきりと識別できるという意味で，ケーキの断面になぞらえてレイヤーケーキ・モデルとも呼ばれる．

　これに対するのが，もう1つの「包括授権モデル」である．これは国と自治体の役割分担において，基本設定として，自治体に広範囲にわたる権限が包括的に与えられているが，それに重複する形で国も関わることができるので，国と自治体の役割分担があいまいとなり，実質的には国が企画した公共政策を自治体が地域社会で実行することも多くなる．権限区分が分野ごとにまちまちであいまいであることをケーキの断面になぞらえれば，こちらはマーブルケーキ・モデルということになる（Grodzins 1966）．英米系の国々では「制限列挙モデル」が多く，ヨーロッパ大陸系の国では「包括授権モデル」が多いとされ，日本は後者に位置づけて理解されてきた．

　たしかに昭和時代には今は廃止された機関委任事務という事務カテゴリーを通じて，「包括授権モデル」が想定するように，自治体は中央省庁から発出される通達にしたがって動く国の下請け機関として機能する部分が大きかった．しかし，2000年以降の日本の地方分権改革の考え方では，自治体が国から自立して主体的に地域を経営できるようにすることが志向され，「包括授権モデル」の刻印は拭い難く残りながらも，そこからの脱却が図られてきた．目指された方向性は，「制限列挙モデル」そのものではないけれども，権限区分をはっきりと分けようとする方針とは合致し，地方交付税や国庫支出金などの国

から自治体への財政移転の規模縮小（いわゆる「三位一体の改革[1]」）によって，自治体の国に対する経済面での依存性を断ち切ろうとすると同時に，国の負担の軽減も企てられていたのであった．

　マーブルケーキ・モデルからレイヤーケーキ・モデルへの移行を基調として進行した日本の地方分権改革は，理論上は，責任の所在もはっきりして仕事の押し付け合いも生じず，また，資源の効率性の観点から「二重行政」なども回避されるがゆえに，好意的に受けとめられるのかもしれない．二重行政のデメリットを説く言説は，既存の行政区を大括りの特別区へと再編成しながら市を廃止して府に一元化するという，いわゆる「大阪都構想」を正当化する際にも用いられた．しかし，マーブルケーキ・モデルで権限が重複的であるということが逆に利点となったケースもある．たとえば，2011 年の東日本大震災に際して，東北の太平洋沿岸の自治体が壊滅的被害を受けて発災直後に機能不全に陥っていたが，国の出先機関にあたる国土交通省東北地方整備局は被害が比較的少なく，自治体と重複的に災害対応権限を有してもいたため，地元自治体に代わってバックアップ機能を発揮して円滑に災害対応を遂行できた．

　このように考えてみると，人口減少に伴う地域社会の問題に対処するためには，2000 年以降の地方分権改革の趨勢に沿った権限峻別的な発想についてはいったん立ち止まり，マーブルケーキ・モデルを基本としながらより有効な政府間連携を考案するほうが適しているように思われる．

1-3　水平的な政府体系モデル

　水平的な政府体系については，日本では人口減少社会の到来以前より，地方自治法の規定を根拠として制度的な道具立てが存在してきた．たとえば，ゴミ焼却施設を持たない自治体がそれを有する隣接の自治体の焼却施設を利用させてもらうためなど，ある事業を自治体間での共同処理とするための一部事務組合という仕組みがあり積極的に活用されてきた．3 つ以上の自治体間で相互に異なる事業を介して連携し合う複合的一部事務組合という形も可能である．1990 年代半ばからは，異なる複数の事務の共同処理を都道府県の事務でも，また都道府県の事務と市町村の事務も実施できる，広域連合という制度も導入されているが，理論上，これは水平的にも垂直的にも自治体間連携を拡げる仕組みだといえよう．広域連合では，都道府県ごとに全ての市町村が加入する後

期高齢者医療広域連合が設けられたことも注目された（北山 2011）ほか，2010年発足の関西広域連合などが設けられて脚光を浴びた.

　一部事務組合も広域連合も，これらはたとえ複数事業に関わるものではあっても，特例的に限られた事業の範囲内で「連携」するという発想に基づいている. それに対して，「平成の大合併」のような市町村合併や，実現していないが議論の遡上には乗せられてきた都道府県の大括り化による道州制は，自治体どうしでの単なる「連携」ではなく「統合」として一体化することを意味する.

　日本の法制度による水平的な政府体系の実態に加えて，並存的に同じ層に位置する政府間どうしの関係のモデル化には，「相互連携」か「相互競争」かの大きな分岐がある.「相互連携」モデルは一部事務組合を想起すればわかりやすく，人口減少に伴って持続困難な行政サービスを補完する局面で想定されるのは「相互連携」モデルのほうである. しかし，倒錯的ながらも，「相互競争」モデルを適用した人口減少対策も多く実践されてきた. たとえば，地域人口の増加を他地域からの転入者増によって実現することを目指して，各自治体が訴求力のある行政サービスの充実を競い合ってきた. これは「足による投票」とも呼ばれるティボー・モデル，あるいは財政学で言われる「市場保全型連邦主義」(market-preserving federalism) の考え方にも符合した，「相互競争」モデルの適用とみなせる. しかし，全体のパイとしての人口自体の減少が進行する状況下で自治体どうしが住民を奪い合うという「相互競争」モデルは，必然的に自治体間で勝敗を生む. 敗北する自治体の過疎化は自己責任論と同じく顧慮されないことになるため賛否が割れるところであるが，それでも日本の地方分権推進や人口減少対策に関する言説に影響を与えてきた.[2]

　さらに水平的な政府体系を要素として包含するものとして「マルチレベル・ガバナンス」という概念がある (Marks and Hooghe 2004). この概念は，元はEU 統合のコンテクストで提示されたもので，EU の公共政策形成過程においてEU 当局と特定の加盟国政府に加えて当該加盟国内の地方政府も多層的に関与することを垂直的な政府体系として理解するものである. その一方で，マルチレベル・ガバナンス概念の「マルチ」性には水平的な政府体系の拡がりも含意されており，そこには加盟国間をまたいで複数の地方政府が関わることに加えて，民間企業・NPO などの民間アクターらが公共政策過程に参加する事象も含まれている. マルチレベル・ガバナンス概念での水平的な政府体系モデル

では，地方政府間の関係性を「相互連携」か「相互競争」かのいずれで把握するかは曖昧だが，両方ともありうる枠組みとして受けとめておくのがよい．

第2節　公共政策のデザインと合意形成

2-1　政策段階モデルと政策サイクル

　この節では，人口減少が進む地域社会内で地方政府が公共政策を具体的にデザインしていく過程を検討する．公共政策学では，ある個別の公共政策の過程を段階的なモデルで把握しようとすることがある．この政策段階モデルによれば，最初に，問題への気づきとそれを公共政策で対応すべき課題として設定する「アジェンダ設定」段階があり，続いて，目的と手段の多様な組み合わせから成る政策代替案の構築とそれらを比較検討する「政策形成」段階を経て，代替案のなかから実際に採用する政策を正式に選択する「政策決定」段階，その正式決定した政策を実行に移す「政策実施」段階へと進んでいく．通常は「政策実施」段階で終わりではなく，それまでの政策過程の振り返りを行う「政策評価」段階があり，そこで気づかれた修正事項を施すためのフィードバックで「アジェンダ設定」へと回帰することで，段階的な過程が線形の一方向的なものではなく，循環的な政策サイクルとして機能することになる．「政策評価」段階で不要と判断されれば，その政策は廃止されて，一連の政策段階・サイクルが終了する．もちろん，現実の公共政策過程は綺麗にこの順番通りに進むとはかぎらないし，複数段階を同時並行でこなす実務の実態もありえるだろう．とはいえ，クローズアップする論点が，公共政策過程のどの局面に関わるものかを理解しやすくする上で有益である．ここでは政策段階モデルのなかで，まずは「アジェンダ設定」段階と「政策形成」段階，続いて「政策決定」段階と「政策実施」段階で特に留意すべきことを順にみていきたい．

2-2　問題構造のフレーミング／リフレーミング

　アジェンダ設定段階は，個別の公共政策の出発点の段階であり，その後の政策過程の成り行きを左右する重要段階である．年度サイクルの政策ではなく，原初的に新規政策に着手しようという際には，目の前にある問題や目的は本当に政策対応をすべき公共性がある事柄なのかを厳密に判断しなければならない．

同時に，問題の原因を理解し，問題の全体状況に構造的な意味づけを設定して提示する「問題構造のフレーミング」が重要になってくる．人口減少社会との関わりで問題構造のフレーミングの重要性を示唆している言葉があるので紹介しておこう．

　　「日本において広く見られる地方都市の空洞化や"シャッター通り"化，農村の過疎化などといった問題は，しばしば言われるように「人口減少社会」それ自体が原因なのでは決してない．むしろそれは人がどう住み，どのようなまちや地域を作り，またどのような公共政策や社会システムづくりを進めるかという，政策選択や社会構想の問題なのだ．それがまさに「人口減少社会のデザイン」というテーマである」（広井 2019）．

　都市の空洞化，シャッター通り化，農村の過疎化は，人口減少が可視化された事象であり，この事象をまさに公共政策で解決すべき問題だと考えるのは当然のようにも思われる．しかし，この言葉が含意しているのは，人口減少そのものが可視化したかのようなそれらの事象も，実のところは，すでに構想・実施された公共政策の判断や選択を経た上で，その人為の結果として立ち現れている事象にすぎないということである．たとえば，地域経済政策・地域雇用創出政策の一環として誘致した郊外のロードサイドの大規模店舗進出が原因となって，都市の空洞化やシャッター通り化は生じているのかもしれない．この大規模店舗誘致政策を構想する過程で，その政策が実施される場合のマイナスの波及効果として，都市の空洞化やシャッター通り化は予見されたはずであろうが，それに目を背けるか商店街の店舗らに補償金で納得してもらうことで構想通りにその政策が実施され，予見通りに都市の空洞化やシャッター通り化が生じたのならば，その事象は「別のものでもありえた」人為的な政策選択の結果なのである．

　以上のことは，同一の事象であっても，アジェンダ設定段階での問題構造のフレーミング次第で，善悪の判断も含めて認識や評価が 180 度転換しうることを示している．それによって，アジェンダ設定に続く「政策形成」段階において選択肢として構想される政策手段の中身や種類もまったくちがってくる．このように，正式に政策決定する前の段階で，対処しようとしている問題の設定の仕方自体に歪みがないか検討した上で，場合によっては，問題構造のリフ

レーミング（再構成）を行うということ自体が大きな鍵となる.

2-3　空間制御のあり方をめぐるフレーミング──コンパクトかスポンジか──

　問題構造のフレーミングに関わる事例として，人口減少に伴う都市の「コンパクト化」（コンパクトシティ化）政策を取りあげてみよう. 減少する人口規模に合わせて都市機能の集約化を図ることはすでに多くの自治体で公共政策として実践されてきた. その目的は，一定の広さを有する地域区画のなかに，都市的機能を果たす中規模の「極」となる場所が複数遍在していたり，都市機能がグラデーションをもって広がっていたりすると，同じく遍在しつつ人数としても減少していく地域（都市）住民にとっての利便性や経済面での取引機会・相乗効果が損なわれるため，都市中心部1つに都市機能を集約しようとするものである. このアジェンダ設定での問題構造のフレーミングはわかりやすい. LRT（ライトレール）導入とともにコンパクトシティ化の取り組みが成功した例として富山市が注目されることも多い. ただし，都市中心部への一極集中を一気に進めようとして，たとえば青森市や津山市では，巨大再開発事業と採算性が見込めない商業施設への安易な公的資金の投入により債務超過・経営破綻を招くという失敗もみられたという（諸富 2018）.「縮退都市」や「スマート・シュリンク」（片木 2012）といった表現とともに語られてきた「コンパクト化」は，軌を一にした中心市街地活性化事業との関わりで，地域経済活性化を願う地方都市の生き残りをかけて時限的に一気に実現すべきものとして問題がフレーミングされたおそれがある.

　しかし，人口減少に伴う都市の変容とは，急速な一極集中型のコンパクト化ではなく「スポンジ化」という形式で進行すること，すなわち，都市中心部への集中が短期間で起こるのではなく，まずは都市区域のいくつかが虫食い状態となっていく緩慢な変容であるとの主張も現れるようになった（饗庭 2015）. その上で，たとえコンパクトシティを方向性として目指すにしても，スポンジ化のプロセスが一定期間継続することを前提とした中長期的アプローチをとることが推奨されたのであった. もし，迅速さを必要とする前提でのコンパクト化ではなく，スポンジ化の緩やかな進行を織り込んで問題構造をリフレーミングしていれば，人口減少に対応した都市の空間制御を実現するための政策手段としても緩やかに進める方法が選択されるなど，以降の政策展開も違ったもの

になりえたであろう.

2-4　公正な合意形成のあり方

　問題構造のフレーミング／リフレーミングは, アジェンダ設定や政策形成段階で大切な技術である. それに対して, 政策決定や政策実施の段階では, 地域住民や政策効果の直接的なターゲット集団の合意を調達することが鍵となってくる. はじめに述べたように, 地域経営とは, たとえ議論のたたき台となる政策案を作成するのが地方政府の職員であろうとも, 地域社会の人々のニーズを把握しながら地域の人々が納得した内容で正式に政策として決定されることを理想としている. 政策実施段階でも, 事前に地域住民の合意形成が図られた承知済みの公共政策であれば, どんなに地方政府から地域社会に向けて一方的に実施されているように見えても, 地域住民たちはそれを受容しやすいであろう.

　では, どのような場合に政策の合意形成は難しくなるのか. 磯崎による整理では,「政策の便益が広く住民等に分散するが, その費用は特定の住民等に集中する」という「費用集中型政策」の場合, 特定者の反対により合意形成が最も難航するという (磯崎 2019). 合意形成を導く戦略としては, 反対する特定者への譲歩・取引や圧力・威嚇といった手法がありうるが, それによって表面上の合意形成状態を導けるとしても, 明示的に不同意を表明しないだけで不満を持つ人々が存在している可能性は残る. さらに, 合意形成があってもそれが不公正と判断されるケースとして, 外形上のコミュニケーションがありながらも異論に対する応答の内容がまったく実質的ではないという, アカウンタビリティの形骸化状況が指摘されている (齋藤 2019).

　こうした不公正な合意形成の難点を例証する人口減少社会にまつわるエピソードとして, ここでは夕張市での「政策空屋」の事例を取りあげたい. 政策空屋とは, 老朽化した公共住宅の取り壊しや建て替えの際に, 住民が退去しても新規入居者の募集をかけず空室状態を意図的に維持し, その住宅全体が空になるように誘導していくものである (NHK スペシャル取材班 2017). NHK の取材班がインタビューした, 夕張市の老朽公共住宅の住民によれば, 古くなって傷んだだけではたとえ修繕を頼んでも市にほとんど聞き入れてもらえないという状態であり, 市としては公式には認めないながらも, 実態としては公共住宅の取り壊しの方針を感じとらせて退去圧力をかけ続けたのである. 最終的に夕張

市が取り壊し方針を正式に公表するまで，それを察知して市の方針の説明を求めた住民に対する市からの回答はなく，正式公表後に初めてもたれた住民説明の機会の場においても，従来から住民には内緒で実質的には政策空屋の方針をとってきたことを，市の担当者は決して認めようとはしなかった．これはまさに，「政策的撤退・縮退」における，「合意形成なき実態拡大」による「あきらめ待ち」戦略（嶋田 2019）に他ならない[3]．

　一方で，同じ取材班が訪れた中山間地域にあたる京丹後市網野町では，過疎地域の将来をめぐって集落の「集団移転」という選択肢もタブー視することなく勉強会で話し合う地元区長らの姿も捉えられている．この勉強会のように政策形成段階から地方政府が企画して地域住民を巻き込む手法を丁寧に行い，話し合いのなかで集団移転を能動的に検討しうるだけの問題構造のリフレーミングとともに合意形成がなされていれば，たとえ政策実施段階で生じる光景が政策空屋の場合と同じく住民の移転に帰結しようとも，それは公正な合意形成から導かれた質の高い公共政策の実践なのである．

第3節　地方創生関連のガバナンスと公共政策

3-1　地方創生の政策枠組

　この節では，再び多層化・広域化する政府体系を視野に入れつつ，人口減少に伴う問題に対処するために，国が主導して始まった地方創生関連事業として，国と自治体をまたぐ政策枠組のもとで展開されてきた具体的方策を検討していく．その前に地方創生そのものの政策枠組を確認しておこう．

　地方創生の取り組みの原初的な法的根拠は，2014 年 11 月成立の「まち・ひと・しごと創生法」に求められる．同法に基づき，各自治体には，将来的な人口推移を予測する「地方人口ビジョン」の作成とともに，国が定める「総合戦略」（市区町村の場合は都道府県が定める総合戦略も）を勘案して 5 ヶ年計画としての「地方版総合戦略」の策定が要請された．その地方版総合戦略のなかで人口減少対策を含む地方創生に関する公共政策が定められる．それらの政策には，重要業績評価指標（KPI）[4]とその数値目標の設定が求められ，この評価指標をもとに年度ごとに達成状況がチェックされる．財政措置の仕組みとしては，国が薦める地方創生関連の事業メニューに「ひも付け」された地方創生交付金が

準備されており，自治体が交付を受けるには，地方版総合戦略に記載された公共政策が，国が提示した事業メニューと対応していなければならない．以上の地方創生の政策枠組の導入は，あくまでも国から自治体への要請であって，要請される側の自治体にとっては義務ではなく努力義務ではあるが，ほぼすべての自治体が KPI 付きで地方版総合戦略を策定している．

3-2 「小さな拠点・地域運営組織」の形成

　地方創生の枠組での具体的な公共政策として，まずは地方都市というよりも中山間地域を再編する取り組みにあたる「小さな拠点・地域運営組織」の形成についてみておこう．「小さな拠点」とはやや素朴な呼称だが，内閣府による定義では「小学校区など，複数の集落が散在する地域（集落生活圏）において，商店，診療所などの日常生活に不可欠な施設・機能や地域活動を行う場所を集約・確保し，周辺集落とコミュニティバスなどの交通ネットワークで結ぶことで，人々が集い，交流する機会が広がっていく，集落地域の再生を目指す取組」とされている．たとえば，従来は行政や民間企業が提供していたが人口減少で継続が困難になった事業・サービスをカバーするために，高齢者の見守りのために水道検針実施時に声かけをしたり，コミュニティ・ビジネスの基点として地域の公民館での商店運営を可能としたりするほか，移住希望者の試行的居宅として活用するための廃校舎改修などを，地域住民が主体となって取り組むことで集落再生を促し，これらの事業計画に国からの交付金が交付されるという仕組みである．この小さな拠点の取り組みの主体となる地域住民らは「地域運営組織」を構成するものとされ，従来からある町内会などの地縁組織のほか NPO なども参画する．地域運営組織は，地方政府からの指示で動くのではなく，自ら地域の将来像（地域ビジョン）を考え，それを地域経営指針としてまとめ，それに沿って個々の事業を進めていき，財政的にも行政に依存するのではなく，自らの事業を通じた財源の確保を目指すというものである．

　この中山間地域での小さな拠点とその地域運営組織による集落再生の取り組みの推進は，垂直的な政府体系をまたぐ地方創生の政策枠組のなかで，都道府県ではなく市町村版の総合戦略に位置づけることが推奨されているように，市町村主導によるものとされている．これは地域社会の人々により近い政府単位で取り組むべきこととして，垂直的な政府体系間での役割分担のあり方は，先

述の「補完性原理」にも則って理に適っている．小磯は「コモンズ（共有地）
は必ずしも悲劇に帰結するわけではなく，地域の人びとがビジョンとしての将
来計画を持てば，持続的で自主的な統治は可能である」とするエリノア・オス
トロムの主張に希望を見出しているが（小磯 2020），小さな拠点と地域運営組
織の取り組みは，まさにこの希望が投影された公共政策として得心がいくだろ
う．

　しかし問題点も指摘されている．地域運営組織については NPO に関して以
前から語られてきた問題と同様に，地方政府の安上がりな下請け組織となって
しまいがちである一方で，収益力の弱さゆえに持続性への不安も指摘される．
小さな拠点に関しては，垂直的な政府体系の観点から都道府県との連携の弱さ
がある．中山によれば，ファミリー層が中山間地域から転出する理由の１つに
高校に通えないからということがあるが，それは，小さな拠点の範囲での小学
校，保育所，幼稚園の整備については先述のように市町村主導で対応できても，
高校の整備は都道府県の権限であるため，同じ家族や兄弟姉妹のなかで，日常
生活を小さな拠点とその周辺の範囲で充足できる者とそうではない者とに分断
されてしまうからでもあるという（中山 2018）．地方創生の政策枠組そのもの
は垂直的な政府体系をまたいではいるけれども，学校整備などの個別事務での
法的権限区分の整合性をとらなければ，マーブルケーキ・モデルで想起される
柔軟性のメリットは損なわれる可能性がある．

3-3　連携中枢都市圏と定住自立圏

　地方創生関連のもう１つの具体的な公共政策として連携中枢都市圏と定住自
立圏の取り組みについても検討を加えよう．これらは厳密には，内閣府の主導
による地方創生の枠組に位置づくものではないが，それに随伴する形で総務省
が実施してきた公共政策であり，自治体の対応施策に KPI 設定が求められつ
つ，それと連動的に特別交付税などによる財政優遇措置が準備されている設定
は同様ものである．

　連携中枢都市圏は 2014 年に導入されたもので，地域の中心都市（三大都市圏
外の人口 20 万人以上の政令指定都市と中核市）が近隣の周辺市町村と「連携協約」
を締結して連携することで，人口減少社会でも一定の圏域人口と活力ある社会
経済の維持を目指す取り組みである．想定される取り組みは，新製品開発支援

などによる経済成長のけん引，高度医療提供体制の充実化などを通じた高次都市機能の集積・強化，地域公共交通ネットワークの形成などによる生活関連機能サービスの向上である．連携中枢都市圏に比して小規模だが同様の仕組みである定住自立圏が 2009 年から先行して始まっており，こちらは中心市（三大都市圏外の人口 5 万人程度）と近隣市町村による連携・協力で，圏域全体として必要な生活機能などを確保して人口定住を図るものとされてきた．2021 年 4 月1 日段階で，連携中枢都市圏としては 34 圏域，定住自立圏では 129 圏域が成立しており，連携件数としては順調に増えてきた．

　ただし，同時に問題も指摘されている．たとえば，財政措置の恩恵を手厚く期待できる中心市だけが張り切り，周辺市町村は将来的な合併・吸収への懸念から気後れする傾向がある．人口減少で行政サービスの持続性が危惧されるのは中心市よりも周辺市町村であることを考えれば，これは倒置的な関係性に陥っているといえよう．また，連携中心都市圏としてのビジョン策定や進捗管理でも周辺市町村の地域の人々の意見が反映されにくい制度構造になっている．さらに，先に見た水平的な政府体系での「相互競争」モデルに類似した状況として，特に連携中枢都市圏で中心市となりうる中枢都市間での競争が発生している（中山 2018）．制度的に該当する政令指定都市と中核市の配置を見ると，とりわけ中国地方と九州北部などでは互いに近距離に位置しており，この場合，連携中枢都市圏を形成する際に連携する周辺市町村の囲い込み競争となる．周辺市町村のほうでも同時に二つの連携中枢都市圏に所属したり，連携中枢都市圏に所属しつつ自ら定住自立圏の中心市になったりするなど錯綜した事態となっており，広域的な連携制度間での関係を調整する必要も出てきている．

おわりに

　人口減少に伴う問題に善処していくために今日の地方政府に求められるのは，複眼的な視野をもちながら，自らの地域社会にふさわしい公共政策をデザインし，それを実行する能力である．日本全域で人口減少が進んでいくなかで，国としても地方創生の取り組みを通じて，各自治体で利用可能な，コミュニティの集約化（小さな拠点など）や連携中枢都市圏などの制度的装置を提供し始めているが，地方政府のほうでも，国に提示された事業メニューをただ機械的・受

動的に採用するのではなく，冷静に検討しつつ自ら能動的に取捨選択していく態度が期待される．これは地方自治の原則で言われるところの「団体自治」に符合するメンタリティである．また，本論では地域社会内での公共政策プロセスを検討する文脈で，公正な合意形成の重要性を指摘したが，それは地域社会外の他の政府単位と折衝する局面でも忘れられるべきではない．地域社会の人々の間で形成された合意に支えられ，それを判断根拠としながら，地方政府の職員には，縦横の政府体系を見渡しながら社会空間を伸縮的に再構成するための折衝にあたることが期待される．これはとりもなおさず，地方自治のもう1つの原則である「住民自治」を「団体自治」の営みと接合させることでもある．はじめに立ち返れば，地域経営とは，地域社会の人々のニーズを把握しながら，地方政府と地域の人々による民主的な地域運営を志向するものであった．地域社会内外の両方に目配りしつつ，住民自治と団体自治をともに追求しながら公共政策をデザインしていくことが，人口減少社会に対応した地域経営を体現するのである．

注

1）　2004 年度から 2016 年度にかけて行われた地方分権・財政再建のための改革で，「（国庫支出金等を含む）国庫補助負担金の削減」「税源移譲」「地方交付税の見直し」を同時に行った改革．このうち「税源移譲」とは，納税者にとっての国税（所得税など）を減らして地方税（住民税など）を増やすことを指す．

2）　市場保全型連邦主義とは対照的に，財政連邦主義（fiscal federalism）の考え方では，上層政府（連邦）が下層政府間の再配分を媒介することが想定されている．この市場保全型連邦主義と財政連邦主義との対立を，新自由主義と社会民主主義との対立に重ね合わせる議論もある（Harmes 2019）．

3）　行動経済学で注目され，近年，公共政策への適用が注目されているものにナッジという手法がある（サンスティーン 2020）．それは，権力性をもって強制するのではなく，あるひとの行動を本人の選択の余地を残しつつ政策が意図するものへと誘導する仕組みである．政策空屋や「合意形成なき実態拡大」による「あきらめ待ち」戦略は，一見すると政策としてナッジを適用しているかのように思えなくもないが，誘導されるひとの側にそのナッジの仕組みへの合意や同意がない点で決定的に異なる．逆に，ナッジが公正な公共政策の手法として成立するためには，誘導の仕組みそのものと誘導結果とが社会的に許容される見込みがなければならないだろう．

4）　政策目標を達成するための取組の進捗状況を定量的に測定するための基準のこと．

5）　地方自治の原則として「住民自治」と「団体自治」の2つが挙げられる．住民自治

とは，国と国民の関係よりも身近である自治体とその住民の関係においては，より
いっそう住民の声が民主的に地方政府に反映されるべきという原則である．団体自治
とは，地方政府ができるだけ国の干渉を受けずに地域経営を自律的に行えるようにす
べきという原則である．住民自治と団体自治は，車の両輪のように，そのいずれが欠
けても適切な地方自治が実現できない関係にあるとされる．

参考文献

Grodzins, M（1966）*The American System: A New View of the Government of the United States*, Rand McNally.

Harmes, A.（2019）*The Politics of Fiscal Federalism: Neoliberalism Versus Social Democracy in Multilevel Governance*, McGill Queens University Press.

Marks, G. and L. Hooghe（2004）"Contrasting Visions of Multi-level Governance," in Bache, I. and M. Flinders（eds.）, *Multi-level Governance*, Oxford University Press.

饗庭伸（2015）『都市をたたむ——人口減少時代をデザインする都市計画——』花伝社.

秋吉貴雄（2020）「公共政策学とは何か？——２つの知識，３つの時代，３つのアプローチ——」秋吉貴雄・伊藤修一郎・北山俊哉編『公共政策学の基礎』第３版，有斐閣.

磯崎初仁（2019）「都道府県の政策決定と合意形成——政策事例に基づく実証分析の試み——」金井利之編『縮減社会の合意形成——人口減少時代の空間制御と自治——』第一法規.

NHK スペシャル取材班（2017）『縮小ニッポンの衝撃』講談社.

大江守之（2017）「人口減少と少子化」宮本みち子・大江守之編『人口減少社会の構想』放送大学教育振興会.

片木淳（2012）「『地域主権』の確立と自治体経営」片木淳・藤井浩司編『自治体経営学入門』一藝社.

加茂利男（2017）『地方自治の再発見——不安と混迷の時代に——』自治体研究社.

北山俊哉（2011）『福祉国家の制度発展と地方政府』有斐閣.

鬼頭宏（2000）『人口から読む日本の歴史』講談社.

小磯修二（2020）『地方の論理』岩波書店.

齋藤純一（2019）「合意形成における理由の検討」金井利之編『縮減社会の合意形成——人口減少時代の空間制御と自治——』第一法規.

サンスティーン，C. R.（田総恵子訳）（2020）『ナッジで，人を動かす——行動経済学の時代に政策はどうあるべきか——』NTT 出版.

嶋田暁文（2019）「人口減少・経済縮小時代の合意形成——差異への着目——」金井利之編『縮減社会の合意形成——人口減少時代の空間制御と自治——』第一法規.

中山徹（2018）『人口減少時代の自治体政策——市民共同自治体への展望——』自治体研究社.

広井良典（2019）『人口減少社会のデザイン』東洋経済新報社.

諸富徹（2018）『人口減少時代の都市』中央公論新社.

山崎幹根（2011）『「領域」をめぐる分権と統合――スコットランドから考える――』岩波書店.

読売新聞（2018）「消滅予想都市 人口減加速」「加速する人口減 自治体の「廃止」現実味」5月4日朝刊.

力久昌幸（2017）『スコットランドの選択――多層ガヴァナンスと政党政治――』木鐸社.

第2章 地域経営における経営組織論

鄭　年皓

は じ め に

　近年，地域の持続可能性に対する危機感から，いわゆる「地域経営」が注目されている．当然のことながら，地域経営の対象は多岐に渡り，地域住民の単なる個人的な活動の範囲を超えるため，組織を舞台とする議論が求められる．また，地域の経営組織（地方自治体・自治会・企業・金融機関・医療福祉機関・教育機関・NGO・NPO など）は，それぞれ固有の機能と目的を有しており，各経営組織の個別的な活動も重要ではあるが，地方創生や地域活性化といった地域経営の究極の目標を考えると，地域経営を論じる際，地域経営組織における組織間関係やネットワーク関係が1つの重要な研究視座になる．

　一方で，「地域」は，行政単位で区分されがちであり，多くの地方創生の議論がそうした区分に従って展開される傾向にある．しかしながら，地域性や地域の社会関係という側面は，明確な行政的単位や物理的空間の単位で完全に区分することができない．そのため，地域経営の議論においても，地域概念の多様な検討が求められる．さらに，地域住民の心理・行動的な側面の考察も，地域経営の主要論点の1つである．なぜなら，地域活性化に対する地域住民の積極的な関与と，それに対する地域経営組織の支援こそが，地域活性化を実現していく最大の動力になるからである．

　そこで，本章では，以上のような問題意識に基づき，まず，先行研究から地域という空間の概念と，そこから派生するいくつかの研究アプローチを概説し，次に組織活性化の議論を拡張した地域活性化の議論により，地域活性化と，地域住民の心理・行動的な側面との関係を論じる．その上で，地域の経営組織における組織間関係やネットワーク関係の基本的な研究視座と，こうした地域の

経営組織が目指すべき役割を議論していくことにする．これにより，地域の持続可能性に向けた経営組織のあり方を示唆する．

第1節　地域という空間

　地域差や地域性の意味を論じるためには，物理的空間のみを基準とした単なる区分よりも，人文現象の多様性に焦点を当てた地域概念が，地域経営に有効なアプローチとなる．アッカーマンは，地域相互の階層性と流動性に焦点を当てた地域的機能組織のシステム論的研究の必要性を指摘している（Ackerman 1953）．こうした議論の延長線で，ベリーは，アッカーマンの研究視座と一般システム理論の研究視座（Bertalanffy 1968）に基づき，地域分析へのアプローチとしてシステム分析を提唱している（Berry and Marble 1968）．すなわち，地域的機能組織とその地理的特徴に関する主要研究課題を，空間的配列・空間的分布・空間的結合・空間的相互作用・空間的過程に設定する上で，部分間の因果関係よりも，研究対象の有機的関係を分析するアプローチの必要性を提起しているのである．

　一方で，リチャードソンは地域経済学の観点から，地域を「同質地域」（homogeneous region）・「結節地域」（nodal region）・「計画地域」（planning region）の3つに概念化している（Richardson 1979）．「同質地域」は，特定の事象（たとえば，1人当たりの所得水準や失業率など）が同質的である地域の範囲を意味しており，当該地域内部の差異や相互作用は重要視されない．そのため，異質的な他地域との関係が重要な論点となる．「結節地域」は，それぞれ異なる事象（たとえば，農業と工業，都市と農村など）の領域が結合し，何らかの異質的な関係が1つのまとまりを形成する地域である．すなわち，「結節地域」は，比較的広い空間的な範囲の中で相互連結の状態が構築され，階層構造を形成しているのである．そのため，「結節地域」に対しては，周辺部と結節（中心）との結合性，結節への流動，さらには相互依存関係が主たる分析対象となる．「計画地域」は，特定の政策手段や計画を遂行する領域である点で，政治的・行政的地域を意味しており，最も容易に区分し把握することができる地域概念である．

　こうした一連の議論に対して，定松は，地域と多様な社会的諸過程との関係性を重視する社会学のアプローチから，地域を研究対象にした場合の主たる観

点を，（1）制度や組織として認識され，区切られた空間を有する「地域」，
（2）文化的・歴史的境界を有する「地域」，（3）統一的な基準を持たないこ
とを前提とする，不明確であいまいな境界を有する「地域」の3つに分類して
いる（定松 2007）．上記の（1）の観点に対応するものは「行政区画としての
地域」であり，経済的・政治的動機による結合の空間であるため，明確な領域
性を有する地理的空間を示す．また，（2）の観点に対応するものは「異議申
し立てをする地域」とされる．これは，文化的・歴史的境界を重視する観点で
あり，必ずしも一義的な地理的境界を有する地域概念になるとは限らない．

　最後に（3）の観点に対応するものは「パフォーマティックな領域としての
地域」である．これは，グローバルな相互依存と相互交流，さらには個人化や
情報化による個人の行動様式・選択基準の変化から見出されてきた地域概念で
あり，その意味から最も非領域化や脱領域化で特徴づけられる地域概念である．
従来の地域経営の観点が上記の（1）に偏ったことに比べ，明らかに（2）と
（3）の観点が重要度を増しており，こうした側面が，地域経営の議論を豊か
にするとともに，逆に複雑化させる要因となっている．

第2節　組織活性化と地域活性化

2-1　組織活性化

　周知のように，日本における企業や公共機関などの組織では「組織活性化」
に対する関心が非常に高い．しかしながら，これまでその概念的定義はあいま
いであった．これに対して，高橋は「組織活性化」の概念を，バーナードの
「組織成立の必要十分条件」（Barnard 1938）を満足するような組織にすることと
して捉え，組織の活性化された状態を，組織メンバーが（1）相互に意思を伝
達し合いながら，（2）組織と共有している目的・価値を（3）能動的に実現
していこうとする，状態として定義している（高橋 1993）．これにより，バー
ナード組織論の中で組織活性化を論じることが可能になるため，背景となる先
行理論との整合性を満たすことになる．

　また，高橋は上記の（2）と（3）に対応すべく，数理的組織設計論の研究
アプローチから，「一体化度指数」と「無関心度指数」という2つの指標を提
示している（高橋 1993）．ここで，無関心度指数は，人間の持つ「無関心圏」

の大きさを表し，無関心度指数が高いということは，無関心圏が広いことを意味する．そのため，無関心圏の範囲内では，自己の意思・理念とは比較的無関心に，与えられた指示・命令を受容することになる．逆に，無関心圏が狭い（無関心度指数が低い）場合は，与えられた指示・命令の内容を自分なりに検討してから受容するか否かを決めるため，従順な部下や組織人とはいえないが，常に問題意識を持ちながら能動的に問題をみつけ解決しようとする．

さらに，高橋は，上記の「一体化度指数」と「無関心度指数」を2軸に取ることにより，組織におけるメンバーの活性化の問題を視覚的に捉えるため，2次元図（I-I chart；Identification- Indifference chart，図 2-1）を提案している（高橋1993）．図 2-1 において，活性化されたメンバーは無関心度指数が低く，かつ一体化度指数が高い「問題解決者型」（タイプ3）である．また，タイプ1は組織の命令に忠実ではあるが，あまり自分から能動的に行動しようとしない「受動的器械型」であり，タイプ2は目的・価値の点では組織と一線を画しているが，行動の点では命令に従う「疎外労働者型」である．さらに，タイプ4は個人的な能動性は高いものの，組織の価値や目的を共有しないため（一体化度指数が低いため），組織的な行動を期待することができない「非貢献者型」である．高橋の調査と分析によれば，こうしたタイプは日本の企業に少ないとされる．

一般に，無関心度指数が低いタイプの多い組織は，自ら能動的に問題をみつ

図 2-1 I-I Chart

出典：高橋（1993）.

け解決しようとするため，ネットワーク型組織（あるいはマトリックス型組織）が可能である．しかしながら，これが高いタイプは上から言われたことしかやらないため，ヒエラルキー・コントロール（Hierarchy Control）の組織以外には組織編成ができない．また，一体化度指数が高いタイプの多い組織は，計画機能を権限委譲することが可能であるが，これが低いタイプは局所最適に陥りやすいため，権限委譲を行うことが困難である．高橋は，以上のように組織活性化の議論を I-I Chart により視覚的に展開し，その理論的基盤を与えているが（高橋 1993），どちらかと言えば，議論の主眼は組織よりもむしろメンバーの活性化の問題に当てられている．

　山下は，こうした側面に基づき，I-I chart の焦点を組織のメンバーに定め，図 2-1 におけるタイプ 1 から 4 までを，組織のタイプではなく，組織メンバーのタイプとして位置づけている（山下 2005）．その上で，高橋のいうタイプ 3（活性化された組織）を「活性化されたメンバー」として位置づけ直すことにより，組織における活性化されたメンバーを次のような枠組みで捉えている．

　組織における「活性化されたメンバー」とは，組織と目的・価値を共有している度合（一体化度指数）が高く，かつ能動的に問題をみつけ解決しようとする度合が高い（無関心度指数が低い）メンバーである（山下 2005）．

2-2　地域活性化

　山下と西は，地域住民は組織メンバーに相当するという考え方に基づき，上記の組織活性化の議論における組織を地域に置き換えることにより，「地域活性化」を組織活性化と同様の議論で展開している（山下・西 2006）．そこで，I-I Chart の枠組み（高橋 1993）に依拠して，「地域活性化」と「活性化されたメンバー」を下記のように位置づけている．

　　「地域活性化」とは，地域において「活性化されたメンバー」が増加することであり，その「活性化されたメンバー」とは，地域の目的・価値を共有している度合（一体化度指数）が高く，かつ能動的に地域の問題を見つけ解決しようとする度合が高い（無関心度指数が低い）メンバーである（山下・西 2006）．

　こうした議論を拡張し，山下らは，地域（地方）活性化のための基本的なア

プローチを，活性化されたメンバーとしてのタイプ3を除き，図 2-1 の I-I Chart のタイプ別に考察している（山下ら 2008）．まず，タイプ1の住民は，自身の生活する地域への強い一体感（高い一体化度指数）を有するが，地域の問題を自らみつけ解決しようとする能動性が低い（無関心度指数が高い）．このタイプの住民が活性化していくためには，高い一体化度指数を維持したもとで，無関心度指数を低めることが必要である．そこで，常にその地域の情報提供を積極的に行うと同時に，単発的なイベントではない，各種の持続的イベントを通してコミットメントの機会を作り出すというアプローチが求められる．こうした活動の積み重ねにより，無関心度指数を低め，タイプ1からタイプ3へのシフトを図るのである．

　次に，タイプ2の住民は，自身の生活する地域に対する一体感が低く（一体化度指数が低い），かつその地域に存在する問題をみつけ解決しようとする能動性も低い（無関心度指数が高い）．ただし，無関心度指数が高いが故に，周りの活動に対してネガティブな（足を引っ張るような）行動をとる危険性は少ない．こうしたタイプは，住民としてのアイデンティティや帰属意識に欠ける傾向を有する．そこで，タイプ2の活性化のためには，一体化度指数を高め，かつ無関心度指数を低めることが求められる．ここで，注意すべき側面は，一体化度指数が低いままに，無関心度指数のみを低下させると，最も好ましくないタイプ4となってしまう点である．

　タイプ4の特徴は，自身の生活する地域に対する一体感が低く（一体化度指数が低い），その地域に存在する問題をみつけ解決しようとする能動性は高い（無関心度指数が低い）ところにある．このタイプは，目的・価値の点で周りの住民とは一線を画している上に，自らの問題意識で行動しようとするため，その地域のルールや行動規範に従わないことが多くなってしまい，「非貢献者型」になる可能性が高く，地域活性化の足を引っ張ってしまう存在になりやすい．そこで，タイプ4の活性化のためには，明らかに一体化度指数を高めることが必要である．しかしながら，地域との一体感の形成には，長期間の関わりと多様な契機を要するため，タイプ2からタイプ1への上昇のときよりも，一体化度指数のドラスチックな変化が求められる．したがって，タイプ4の活性化には，最も大きなエネルギーと，最も長い時間が求められる点で，このタイプの活性化は容易ではないのである．

2-3　地域活性化における二重の支援

図2-1で示している通りに，地域活性化のためには，タイプ3の「活性化されたメンバー」，すなわち一体化度指数が高く，かつ無関心度指数が低い地域住民が必須の条件となる．しかしながら，人口減少に苦しむ地域では，過疎化自体が活性化されたメンバーを少なくさせる原因ともなっており，残念ではあるが，現段階で人口減少に歯止めをかける画期的な方策は見当たらない．そこで，人口減少を所与の前提で，限られた人口の割には，相対的に多くの活性化されたメンバー（地域住民）を増やすアプローチを考える必要が生じる．

　こうした問題に対して，山下は「ボトムアップ的アプローチ」を強調している（山下 2009）．地域活性化における真の主体は地域住民であり，行政や他の公共団体，さらに企業がトップダウン方式で一体化度指数を高め，無関心度指数を低めようと地域住民をコントロールしようとしても，それは現実性がなく，「住民主権」の原則にも反する本末転倒のことである．住民に対するトップダウン型のコントロールは，逆に一体化度指数を低め，無関心度指数を高める（受身のスタンスから抜けられない地域住民を増やす）危険性を招き，地域活性化の方策を形骸化させ，掛け声倒れに陥ってしまうからである．そのため，地域活性化の成敗は，地域住民の主体的・能動的活動による草の根的活動（ボトムアップ的活動）と，こうした活動に対する支援に大きく依存する．

　山下はこうした支援の問題を，「支援概念の二重の適合性[1]」で指摘している（山下 2009）．ここでの支援は，心理面・環境面での支援と，情報提供面の支援を意味する．まず，心理面・環境面での支援は，地域のために積極的に活動する住民を高く評価し（心理面の支援），その活動を進めやすくするように環境面でのサポートを展開することである．特に心理面での支援は，一過性の評価ではなく，正の機能を果たす持続的な評判システム[2]（たとえば，表彰制度・地域メディアの継続的な報道・講演や座談会など）が構築されたとき，その有効性を高めていくと思われる．

　次に，情報提供面での支援は，住民側で主体的・能動的に展開している活動が，当該地域にとって逆に負の効果をもたらさないように，地域の置かれた状況に関して正確かつ幅広い情報を提供することである．これにより，地域全体に渡る正確な情報を地域住民が共有し，地域活性化の活動に必要な情報を的確かつ適時に活用することで，地域住民の主体的・能動的活動をさらに促すので

ある（山下 2009）．こうした意味で，情報提供面での支援は，情報公開の単なる透明性に止まらず，積極的に関連した情報を提供することである．

第3節　地域における組織間ネットワーキング

3-1　組織間関係のアプローチ

　地域に存在する様々な組織を第一義的機能で大まかに分けると，経済機構と政治・社会機構に分類することができる．前者には企業・商工会議所・協同組合などが，後者には地方自治体・自治会・医療福祉機関・教育機関・NGO・NPO などがあげられる．しかしながら，それぞれの組織は特定の空間や立地に縛られて意思決定を行っており，絶え間なく社会的・文化的機能も果たしている点で，各組織活動の範囲と結果は，第一義的機能を超える場合が多い[3]．

　また，地域性も意識的であれ，無意識的であれ，それぞれの組織活動を複雑化させる要因となり，組織の多機能性（政治的・社会的・文化的諸機能）を強化する．さらに，こうした地域性は，地域に根ざしている組織の間に一定の社会的関係を生み出すため，地域社会を多様な組織の「集積」と「関係」として理解することも可能である．すなわち，我々が地域社会や地域経営を論じる際，政治的・経済的・社会的機能を果たす諸組織の集積と，それらの間のネットワーキングが1つの重要な研究アプローチになるのである．換言すると，地域社会や地域経営の研究視座に対して，「組織間関係」が1つの核をなす概念として考えられるのである．

　それでは，地域社会における組織間ネットワークの連結構造をどのように捉えるべきであろうか？　ここでは，形式論的な構造（たとえば，連結グラフ・連結密度・中心性など）よりも，質的連結強度を中心とした意味論的ネットワークの議論を展開していくことにしよう．組織内または組織間の結合様相を意味論的に分類すれば，堅い結合（tight coupling）と緩い結合（loose coupling）の2つでそれぞれの特徴を議論することができる．

　前者の堅い結合は，中心となる組織の存在が明確で，「垂直的なヒエラルキー・コントロール」を貫徹させるため，集権的な情報処理に特徴づけられる組織結合である．それに対して，後者の緩い結合は，「水平的コーディネーション」を基礎とした自律分権的な組織運営を目指し，垂直的なヒエラル

キー・コントロールの拘束力を弱める上で，分権的な情報処理を志向するところに特徴を有する．これにより，環境の変化やトラブルに迅速かつ柔軟に（アジルに）対応し得る自律分権的なネットワーク型の組織として「柔らかい組織」（loosely coupled system）が形成されるのである（山下 2005）．

　従来の垂直的なヒエラルキー組織は，首尾一貫した計画機能と実行機能を重視した成長優先・行政優位の時代と，堅く連結され閉鎖的な関係で特徴づけられた組織間関係の時代，さらには相対的に情報が不足していた時代の産物である．それに対して，単なる成長よりは「持続可能性」に，中央よりは「地方」への権限委譲に，垂直的な関係よりは「水平的な関係」に，一極集中よりは多極集中（広井 2019）に，経済的資本よりは「社会関係資本」に（Lin et al. 2001），（国家主導または企業内部に閉じた）閉鎖的革新（closed innovation）よりは（社会全体に開かれた）「開放的革新」（open innovation）に（Chesbrough 2003），競争（red ocean）よりも共存（blue ocean）に（Kim and Mauborgne 2005），社会のパラダイムがシフトし，過去よりも幅広く情報が共有される時代には，自律分権的なネットワーク型の組織間関係が整合的であろう．

　一方で，ネットワーク型の組織間関係は，上記で述べたように，緩い結合として特徴づけられるため，「弱い紐帯」（weak ties）の状態となりやすい．グラノベッターは，頻繁な取引や相互作用を持たない異質的な組織間の繋がりを弱い紐帯として位置づけており，異質的な組織間であるからこそ，組織間で広く多様な情報と知識が拡散されると指摘している（Granovetter 1973）．それに対して「強い紐帯」の場合，戦略的な提携関係のように，取引や同質的な情報・知識の共有は頻繁にかつ密接に行われるものの，相互関連性が高い特定の分野に偏るため，異質的な情報と知識が共有されにくい．

　ネットワークの本質は信頼[4]にあり，信頼の形成は大集団よりも接触頻度の高い小集団に有利である．また，信頼の形成プロセスにおけるコミュニケーションの役割を考えた場合，遠隔コミュニケーションに比べた場合の対面コミュニケーションの優位性は，人々の間で交換し合うシグナルの多様性にある．それによって，情緒的な連帯を築きやすく，評判メカニズムも強化される（Casson 1997）．このようにネットワークの規模が相対的に小さく，かつコミュニケーションの頻度が多い集団では，ゲートキーパー（gatekeeper）[5]を仲介しない直接的な連結関係を維持するため，特定の情報・知識の共有と，限られた分野（た

とえば，長い伝統を誇る地場産業）での革新の拡散という正の連鎖が速くなる．こうした信頼関係は，相互支援の共同化を進行させ，共生的共同体形成を促す（山本 2000）．

　したがって，これまでの議論を踏まえると，相対的に地理的範囲が狭く，かつ人口規模の小さい地域の方が，コミュニケーションと相互支援の頻度が多くなるのである．しかしながら，こうした側面は，地方創生の部分的な動力に過ぎない．なぜなら，従来から特定の「場」を共有してきた地域共同体は「強い紐帯」で結ばれており，異質的な組織間の「弱い紐帯」による多様な情報と知識の拡散を期待しにくいからである．すなわち，異質的な「よそ者」を前提とする「弱い紐帯」の自律分権的なネットワークと信頼の連鎖，さらに「柔らかい組織」で特徴づけられる組織間関係の形成が難しいのである．そのため，地方創生は，常に「強い紐帯」と「弱い紐帯」との間に潜むトレードオフ関係を如何に解消していくか，またはいかにバランスよく妥協するかの問題に直面する．

3-2　異質的組織間関係の連携と「よそ者」効果

　前述した通りに，異質的な組織間の「弱い紐帯」は，異質的な「よそ者」の参加を前提とする．「よそ者」は，既存の地域文化や地域組織と一定の距離を保つため，複雑に絡み合う地域内の利害関係からも相対的に自由な立場を有する．そのため，既存の地域性に強く縛られず，柔軟に地域資源の不足分を補う，または異質的で新たな資源をもたらす，さらには地域外部との新たなネットワーク関係の構築に一助するといった役割を果たすことができる．たとえば，各地のご当地グルメや屋台文化に基づき，全国的な B 級ご当地グルメの祭典まで発展した「B-1 グランプリ」や，過疎地の地域再生を芸術祭によって支えようとする「瀬戸内国際芸術祭」，さらには島全体が現代アートの展示空間に変貌した「直島」などの事例は，「よそ者」の参加と地域外部資源の活用，新たなネットワーク関係の構築による地域活性化の試みを表している．

　ただし，「よそ者」が必ずしも正の効果をもたらすとは言い切れない．逆に「よそ者」が，地方創生・地域活性化を負の方向へ導き，地域内で新たな葛藤関係を招く上で，地域住民の福祉や便益を損なうことにより，地域の持続可能性をさらに悪化させる存在になり得る危険性も否定し難い．特に，一体化度指

数の低くかつ無関心度指数の低い，**図 2-1** におけるタイプ 4 の「非貢献者」の地域住民（第 2 節の議論を参照）と「よそ者」が結合する場合，「よそ者」の「負の効果」はさらに増大していく．また，組織的な行動を期待しにくいタイプ 4 の「非貢献者」が，「よそ者」との連結により組織的行動を展開する場合，一般に両者とも地域に対する「一体化度指数」が低いため，地方創生の足を引っ張る「負のシナジー効果」はさらに加速化される．

　こうした問題は，地域内の「選別」機能を作動させることにより，解決されるかもしれない．しかしながら，緩い結合で特徴づけられる「弱い紐帯」のネットワーク効果が，地方創生や地域活性化に向けた個人間の連結のみならず，地域内外の経営組織に求められるのであれば，何らかの「選別」システムは部分的で不完全な形で機能せざるを得ない．相対的に明確な取引関係や交換関係であれば，地域の企業や金融機関による「選別」が可能であるが，情報や支援という無形の資源を事前的に「選別」することは困難である．

　また，行政による「選別」も考えられるが，過度な「選別」システムは，行政による垂直的なヒエラルキー・コントロールを強化してしまい，正の効果を期待し得る「よそ者」まで排除する危険性をも招くため，柔軟な形成原理に従う地方創生のネットワーク効果に阻害要因となる．さらに，住民主導による地方創生にも反する．したがって，「よそ者」に対する選別は，それぞれの地域内経営組織（行政，企業，金融機関，教育機関，医療機関など）によって部分的で限定された範囲にしかできないのである．ただし，こうした選別機能の脆弱性が，地域における経営組織と，それらの間の組織間関係の限界や問題点を意味するわけではない．

　「よそ者」を地域に取り組むことは，新たな交流人口や関係人口の創出基盤となり，外部資源を地域に内部化させる可能性を広げる．その際，「よそ者」の取り組み過程を考えると，個別的・短編的な地域社会への参加よりも，組織的な媒介や組織間の連携による地域社会への参加が重要な観点となることはいうまでもない．したがって，たとえ「よそ者」に対する不十分な選別機能しか持たないといっても，「よそ者」と地域社会をネットワーキング化し，地域の信頼や連帯性に基づく社会的関係に導くことこそが，地方創生における経営組織の重要な役割である．また，「よそ者」が地域の信頼や連帯性という社会的関係に包摂されれば，「よそ者」の地域に対する一体感と能動性が高まり（地

域住民ではないが，図2-1におけるタイプ3のメンバーになり得る），その結果「よそ者」の正の効果がもっと発揮されると思われる[8]．

3-3　組織間関係の相互依存性と経済循環

　ガラスキーウィッチとマースデンは，組織間またはコミュニティ間の相互依存関係を，情報・カネ・支援といった資源[9]によるネットワーク関係の研究視座で捉えており，互恵関係の構築には情報が，交換関係には情報とカネ，または情報と支援が最も有効なネットワーク関係に寄与することを実証分析で論じている（Galaskiewicz and Marsden 1978）．また，カネは組織間の非対称的な関係を生み出すため，互恵関係の構築には最も弱い効果しか得られないと主張している．したがって，情報・支援・カネという重要度の順で，互恵的組織関係やコミュニティ関係の構築とその性格が左右されるのである．

　こうした議論に対して，ラウマンらは，組織間またはコミュニティ間における相互作用のパターンは，類似性（similarity）と補完性（complementarity）という2つの基本原則によって形成されると述べている（Lauman et al. 1978）．前者の類似性は，競合する利益集団の間で見受けられる特質であり，後者の補完性は資源が不足している諸集団の間で現れやすい特質である．また，ラウマンらによれば，社会福祉（social welfare）は，部分的にはそれぞれ異なる目標を有する複数の組織が，統制されない市場機構の見えざる手（invisible hand）による調整を行うときではなく，意識的に共通の集団的目標を共有する上で，組織間の共同責任に基づき，それを達成していく組織間関係を構築するときに最大化される（Lauman et al. 1978）．その過程で，組織間やコミュニティ間における資源（情報・カネ・支援）の相互伝達と，組織境界の相互浸透（interpenetration of organizational boundaries）が行われる．

　こうしたガラスキーウィッチとマースデン（Galaskiewicz and Marsden 1978），ラウマンら（Lauman et al. 1978）の議論は，第2節における山下の論点（山下2009）と整合的であろう．すなわち，地域住民や関連組織への情報提供と支援が，上記の互恵関係の構築と補完性の基盤となるのである．また，ラウマンらの指摘する共通目的に基づく組織間関係の構築と，その過程で行われる資源の相互伝達と組織境界の相互浸透は，情報共有を促すため，局所的な情報を基にした局所最適化の行動を防止する．そこで，本来ならば，それぞれ異なる固有

の目的と機能を有する組織（局所的情報に基づく組織行動を展開する組織）が，大局的な情報に基づく組織間関係を構築し，全体最適化を達成するための組織行動を展開するのである．こうした論点は，明確なコントロールセンター（明確なネットワーク中心）が存在せず，地域内外に点在する個人や組織を有機的にネットワーク化し，地域の全体最適化を実現していこうとする際に大きな示唆を与えると思われる．

　本節における以上の議論は，地域における「経済循環」の問題を論じる際にも，基本的な研究視座になる．地域の持続可能性に対する必要条件として，長期的に維持される経済循環という要因は，避けては通れない課題である．しかしながら，周知の通り，大都市圏への経済力集中の深化や少子高齢化，さらにグローバリゼーションの進展などといった諸要因は，地域産業基盤の空洞化と，それに伴う地域経済循環の劣化を増している．こうしたマクロ的な環境要因の中で，従来のように，地域の有力な基盤産業（特に，製造業）と，そこから派生するサービス業（たとえば，物流や小売業）が地域の経済循環を生み出し，地域の持続性を維持・強化することは，一部の地域を除けば，多くの地域にとって期待し続けることができない．

　また，既存の経済循環モデルは，特定の分野で競争優位を誇る企業群と，関連した供給網（supply chain）と支援組織が一定の地理的範囲の中で集積し，地域における生産力の維持・拡大と派生サービスの創出，収益の再分配といったプロセスを基本的な内容としていた．さらに，これは労働市場や消費市場を支える一定水準以上の人口規模が地域内に存在することを暗黙的な前提とする．こうした条件が満たされれば，少なくとも経済的な側面から，地域の内的発展の基盤が揃うのである．

　しかしながら，上記で指摘した通り，一定水準以上の人口規模という構図は，昨今の状況を考えると，多くの地域で成り立たない．また，これまで特定の産業を特化してきたといっても，同質的な企業群の集積は，特定産業の特殊性に基づく堅い取引関係・組織間関係を形成し，外部からの異質的な個人・組織の新規参入を阻害・排除する要因にもなり得る．その結果，地域の多様性や新たな可能性を模索していく新たなネットワーク関係の創出は難しくなるのである．いずれにしても，既存の経済循環モデルは，その有効性を急速に失いつつある．

　ジェイコブズは，地域の多様性が地域の持続可能性と循環性を高めると指摘

している（Jacobs 1984）．地域の多様性は，人材・資源・知識などを豊富に蓄積させ，その間の循環が，新たな情報・知識と新たな地域関係を生み出し，地域内で幅広く伝播することにより，地域の持続可能性を高める．換言すると，地域内の多様で新たな学習効果の連鎖が，経済循環を含めた地域創成の可能性を広げるのである．本節で論じてきた「柔らかい組織」や「弱い紐帯」，「よそ者」，「情報提供と支援」は，地域の多様性に基づくネットワーク構築にほかならない．また，互恵関係の構築と補完性の発揮という地域経営組織の連帯こそが，人口減少と，劣化する産業基盤に苦しむ多くの地域に対する基本的なアプローチになるのである．

お わ り に

地域の活性化をめざす活動に取り組んだ経験をもつ多くの人々は，「人づくり」の問題を何度も痛感したのではないか．ここでいう「人づくり」とは，地域の持続可能性を考える際，個人的な次元の問題ではなく，地域の諸経営組織が組織的に展開すべき課題である．また，こうした組織的活動は，個別組織に限られた問題よりも，地域活性化の全体最適化を実現していくためには，地域における経営組織間の連携，すなわちネットワーク関係の構築と相互支援の上で行われる必要がある．

そこで，本章では，地域の経営組織が目指すべき関係の本質は何か，「よそ者」のような外部資源を地域に内部化するときの観点はどうあるべきかについて，基本的なアプローチを論じた．これにより，本章の議論が多少なりとも「地域経営研究」の発展に貢献することができれば幸いである．

注
1） 本来，「支援概念の二重の適合性」は，日本の企業や組織における業務プロセスを論じるため，山下（2000）が提起している概念である．ここで，「二重の適合性」は，（1）務担当者の主体的・能動的行動に対する心理面・職場環境面での支援，（2）務担当者への権限委譲の際の局所最適化を防止するための情報提供面での支援であり，日本の組織運営には（1）と（2）の両面でのサポートが適合していることを意味する．こうした「支援概念の二重の適合性」を，山下は地域活性化の議論に拡張している（山下 2009）．

2）　カッソンによれば，多くの個人や組織が評判に投資する理由は，正の評判の獲得や
仲介が，コミュニケーション機会や取引機会のさらなる獲得と，ネットワークの拡大
に有利な結果をもたらすためである（Casson 1997）．したがって，地域活性化のため
の何らかの活動を展開する際にも，こうした評判システムやそのメカニズムは1つの
重要な論点となる.

3）　たとえ経済的な動機を第一義的に優先する企業組織であっても，地域社会（地域住
民）に対していかにコミットするか，地域社会からいかに正当性を獲得するかという
ように，経済的な機能を超える社会文化的な機能や役割までが問われ，それは企業の
地域戦略における主たる意思決定問題ともなる（Carrol 1981）.

4）　ウジは組織間の関係を考えるとき，基本的に「市場取引による紐帯」と「埋め込ま
れた紐帯」という2つの連結特性が存在すると論じている（Uzzi 1997）．市場取引に
よる紐帯は，経済的な利害関係に基づく連携であり，埋め込まれた紐帯は，信頼や仲
間意識のような社会的な関係に基づく連携である．地方創生や地域活性化を論じてい
く際，前者のみならず，後者の紐帯関係は避けては通れない議論であろう．尚，ソー
シャル・キャピタル（社会関係資本）においても，社会学の分野では「強い紐帯」「弱
い紐帯」という言葉を用いることがある．詳細は第6章を参照のこと.

5）　ゲートキーパーとは，組織における情報の流れの結節点となり，情報の不確実性を
吸収する上で，その解釈に関する決定権を持つ組織メンバーである（山下 1999）．し
たがって，ゲートキーパーは，情報の単なる中継者ではなく，情報を編集するという
側面も兼ね備えており，そういった意味で情報を「自分の色」で編集するのである.

6）　「B-1グランプリ」，「瀬戸内国際芸術祭」，「直島」，その他の事例については，『地
域活性化のマーケティング』（古川編 2011）を参照していただきたい.

7）　何らかの社会的関係に関する議論は，社会関係資本論の文脈で論じることができる.
金光は，社会関係資本論の主たる議論を，「資源動員的社会関係資本論」と「連帯的社
会関係資本論」，さらに「協働的知識資本論」に分けて説明している（金光 2003）．こ
うした「資源」・「連帯」・「協働」・「知識」といった概念は，それぞれ強調する内容が
多少異なっても，地域経営や地域組織の問題を考える際，本質的な構成概念ともなる.

8）　「よそ者」が，ある地域に参加し何らかの社会的な関係を結ぶことは，すでに一定の
能動性（無関心度指数が低い）を有していることを意味する．もし，「よそ者」が地域
との一体化も高めると（一体化度指数が高い），地域外部からも「活性化されたメン
バー」が多く地域創成に参加することになる．こうした一体化は，地域の社会的関係
に対する包摂プロセスに係る問題でもある.

9）　プッファーとサランチクは，あらゆる組織は他組織から何らかの資源を依存するが
（それが故に，組織間関係の形成と維持が行われる），なるべく他組織に対する依存度
を低めるため，自主性を拡大しようとする行動原理を有すると指摘している（Preffer
and Salancik 1978）．したがって，組織間関係には，自主性の制約と拡大の間のスパ
イラル的な調整プロセスが絶え間なく行われ，こうした側面は互恵関係よりも交換関

係に基づいた組織間関係で顕著になる.

参考文献

Ackerman, E. A.（1953）"Regional Research: emerging concepts and techniques in the field of geography," *Economic Geography*, 29.

Barnard, C. I.（1938）*The Functions of the Executive*, Harvard University Press（＝山本安次郎・田杉競・飯野春樹訳『新訳 経営者の役割』ダイヤモンド社，1968年）.

Berry, B. J. L. and D. F. Marble（eds.）（1968）*Spatial analysis*, Prentice-Hall.

Bertalanffy, L. V.（1968）*General System Theory*, George Braziller（＝長野敬・太田邦昌訳『一般システム理論』みすず書房，1973年）.

Carrol, A. B.（1981）*Business and Society*, Little Brown.

Casson, M.（1997）*Information and Organization*, Oxford University Press（手塚公登・井上正訳『情報と組織』アグネ承風社，2002年）.

Chesbrough, H. W.（2003）*Open Innovation*, Harvard Business Review Press.

Galaskiewicz, J. and P. Marsden（1978）"Interorganizational Resource Networks: Formal Patterns of Overlap, "*Social Science Research*, 7.

Granovetter, M. S.（1973）"The strength of weak ties," *American Journal of Sociology*, 78(6).

Jacobs, J.（1984）*Cities and The Wealth of Nations*, Random House（＝中村達也訳『発展する地域衰退する地域』筑摩書房，2012年）.

Kim, W. C. and R. Mauborgne（2005）*Blue Ocean Strategy*, Harvard Business School Press.

Lauman, E. O., J. Galaskiewicz and P. Marsden（1978）"Community Structure as Interorganizational Linkages," *Annual Review of Sociology*, 4.

Lin, N., K. Cook and R. Burt（eds.）（2001）*Social Capital*, ALDINE DE GRUYTER.

Prefer, J. and G, Salancik（1978）*The External Control of Organizations*, Harper and Row.

Richardson, H. W.（1979）*Regional Economics*, University of Illinois Press.

Uzzi, B.（1997）"Social structure and competition in interfirm networks: The paradox of embeddedness," *Administrative Science Quarterly*, 42(1).

金光淳（2003）『社会ネットワーク分析の基礎』勁草書房.

定松文（2007）「フランスにおける地域文化振興と社会構造に関する社会学的研究」『課題番号16530362，2004年度～2006年度科学研究費補助金（基盤研究C）研究報告書』.

高橋伸夫（1993）『組織の中の決定理論』朝倉書店.

広井良典（2019）『人口減少社会のデザイン』東洋経済.

古川一郎編（2011）『地域活性化のマーケティング』有斐閣.

山下洋史（1999）『情報管理と経営工学』経林書房.

――――（2000）「日本企業の組織特性と「支援」概念」支援基礎論研究会『支援学』東方出版.

――――（2005）『情報・知識共有を基礎としたマネジメント・モデル』東京経済情報出版.

――――（2009）「『地方活性化』と支援」『明大商学論叢』94(2)，明治大学商学研究所.

山下洋史・西剛広（2006）「大都市周辺自治体における地域活性化のジレンマに関する研究」『明大商学論叢』89（現代 GP 特別号）.

山下洋史・鄭年皓・村山賢哉（2008）「「地方活性化」に関する研究」『第 40 回日本経営システム学会全国研究発表大会講演論文集』.

山本匡（2000）「支援から自律分散社会へ」支援基礎論研究会『支援学』東方出版.

第**3**章 地方自治における地域経営

谷 畑 英 吾

は じ め に

第1章で公共政策を，第2章で経営組織論を学んだ上で，第3章では，それらが展開されるフィールドである地方自治の現場を俯瞰してみる．地方自治は国とは異なる単位である程度完結して存在し，自律的に自立した活動を行うが，人口減少という外部要因を受けてどのように経営の舵を執らなければならないのだろうか．本章はそうした地方自治における地域経営の全体戦略を論じることとし，第4章以下に個別戦略が語られる．まず，第1節で地方自治における経営思想，第2節で近年の地方自治が直面する大きな環境変容を概観し，第3節でその地域経営上の解決策を探っていく．

第1節　地方自治における経営思想

1-1　地域経営の実力が試される時代

矢口は地域経営について「企業経営の理念や手法を『地域』に援用しつつ，地域の多様な主体の合理的な行動・協働をとおして，地域価値や生活満足度の向上などの成熟社会にふさわしい暮らしを創りあげる，理念的にいえば『持続可能性』の確保・向上ための方法」と定義している（矢口 2018）．

この場合，『地域』をどの規模と考えるかによって多少異なるが，地域経営に不可欠かつ最大の経営主体は地方自治体（以下，「自治体」という）であることに異論はあるまい．税を原資とする大きな財源を持ち，地域在住者を中心とする公務員集団としての多くの人材を抱え，規制や支援などに関する膨大な強制力や影響力を有する自治体は，国の中で一定の区域における自治権を持ち，持

続可能で個性豊かな地域社会を形成していくために，一定の判断のもとに地域内の多様なプレーヤーに恒常的に働きかけることで，地域課題に総合的に対応し，住民の福祉の向上に努めている．

　しかし，今，自治体は東京一極集中と人口急減に直面し，その多くは増田が指摘して話題となった「地方消滅」の影に怯えているように見える（増田 2014）．今では信じられないかもしれないが，わが国は明治以来，長らく「人口過剰」に苦しんでおり，移民や植民地獲得に走った挙句に悲惨な敗戦を迎え，戦後の産児制限や家族計画などによりようやく出生率の増加を食い止めるに至った．その結果，わが国の総人口は出生率が低下しながらも団塊の世代やベビーブーム世代という人口の塊の存在と平均寿命の延伸によりしばらく増加傾向を続けたものの，2つの「人口貯金」が尽きることにより，2008年の1億2808万人をピークに減少し続けているのは歴史の皮肉である．

　2018年に国立社会保障人口問題研究所は「将来推計人口（平成29年推計）」をまとめ，2060年のわが国の総人口を中位推計で9284万人とした．そこまでの減少度合いは，2020年代初めは毎年約50万人であるものが，2040年ごろには毎年約90万人に加速化されるとしている．1年で千葉市や北九州市が，2年で香川県が消えるのに相当するインパクトである．

　人口は自治体の主たる構成要素である住民の数である．その増減は，主要な経営資源である税収や公務員労働力，経営のアウトプットであるサービスの供給量など様々なパラメーターに影響を及ぼす．これまでのわが国の社会経済システムは人口増加を所与のものとして設計されてきたが，それは地方自治のシステムにおいても例外ではない．これだけの衝撃を受けてこの先，地方自治に影響がないはずがないのである．しかも，人口問題は1つのきっかけに過ぎず，これからは複合的な危機が地方自治に訪れる．

　果たして，自治体はこうした危機をどのように乗り切ればよいのだろうか．まさに自治体による地域経営の実力が試される時代を迎えたことになる．

1-2　地域経営の経営理念──地方自治の本旨──

　自治体において企業経営上の経営戦略にあたるものは総合計画であるが，自治体の経営戦略は他自治体との競争優位の実現を目指すものではなく，むしろ区域内において持続可能なまちづくりを実現するための基本的な理念や目標，

方向性に収斂する．なぜなら，経営戦略の中核となり，企業経営において組織の存在意義や使命を普遍的なかたちで表した基本的価値観である経営理念にあたるものが，自治体では「地方自治の本旨」であるからである．

　わが国は立憲体制下での法治主義を採用し，民主的制度に基づき運営され，自由をはじめとする基本的人権を互いに最大限尊重し，社会全体の福祉を増大させることで，一人ひとりの幸福を最大化していこうとしている．このことは自明のことのように感じられるかもしれないが，法律が恣意的に解釈されたり，一部の為政者により政治が独占されていたり，人権が不当に侵害されていたり，社会の進歩が止まっていたりする国は世界のそこかしこにある．それだけに，日本国憲法にあるように，自由や権利については，国民自身が不断の努力によってこれを守らなければならないのである．

　そうした目標を実現するためわが国の統治構造は，国においては，立法機能を担う国会，行政権を行使する内閣，司法を司る裁判所が三権で分担する一方，国家統治とは別に地方における自治を認めている．日本国憲法第8章に「地方自治」が規定されているが，これは大日本帝国憲法にはなかったものだ．地方自治は戦前には法律事項，すなわち国により与えられたものであると解されてきたが，佐藤は，第二次世界大戦での「全体主義の経験」を踏まえ，地方自治が「権力の過度の集中の危険性」に対する「権力の抑制・均衡のシステムの重要な要素」として再評価され，「民主主義の学校としての機能」とともに日本国憲法では憲法制定事項とされたものであるとする（佐藤 2011：546）．

　憲法92条では「地方公共団体の組織及び運営に関する事項は，地方自治の本旨に基いて，法律でこれを定める」とされているが，「地方自治の本旨」は，地方自治が団体自治と住民自治で構成されることを意味している．「団体自治」とは自治体が国から独立した人格を持ち自己の意思に基づいて課題の解決を担うという意味であり，「住民自治」とは地域の政治や政策決定を地域の住民の意思に基づいて行うという意味である．敷衍（ふえん）すれば，地方自治は，住民の主体的な参加により，限られた地域において国とは独立して自律的に自立して行われる持続的な権力的または非権力的活動であるといえる．

　このように，自治体が地域経営を行うに際し，常に立ち返らなければならない経営理念である「地方自治の本旨」は，地方自治が国の権力の抑制，均衡を図るための憲法システムに組み込まれているところから発し，独立した団体自

治を行うために，良質の住民自治を正統性の根拠とする．住民自治のツールとしては，選挙や直接請求，住民投票などがある．住民は団体自治の主要プレーヤーである議員と首長を選出し，自治体運営を委ねるが，情報公開制度などにより行政情報を確認し，直接請求で条例の制定・改廃や議員・首長の解職を求めることもできる．ゆえに，団体自治の主要プレーヤーである議員も首長も常に住民の民意や動向を気にしながら地域経営にあたるし，村松の言うように「地方の政策革新を生み出しているのは，地方住民の要求であり，それは選挙で表明される」のである（村松 1994：175）．

1-3　地方分権改革から地方創生まで

　日本国憲法制定後も長らく上下主従の関係にあった国と地方は，1999 年に成立した地方分権の推進のための関係法律の整備等に関する法律により，2000年以降は対等協力の関係であると置き直された．同じ構造であった都道府県と市町村の関係も上下主従から対等協力の関係とされている．

　この第一次地方分権改革は，自治体による政策選択の幅を大きく広げることとなった．具体的には，機関委任事務制度の廃止，事務の見直し，必置規制の見直し，国庫補助負担金の縮減などで，それぞれ自治行政権，自治立法権，自治組織権，自治財政権の拡充につながったのである．とりわけ，自治行政権の側面で企業経営に比照すると，国と地方，都道府県と市町村の関係が上下主従から対等協力に変化したということは，親会社と子会社の関係から取引先同士の関係となったことに匹敵する．機関委任事務制度は自治体の長を国の出先機関とみなして国が自治体を指導できる仕組みであったが，この制度の逆機能としては自治体の側も責任を国に求めることができ，相互依存により責任の所在を不明確にしながら全体資源の総動員を図るシステムでもあった．

　第一次地方分権改革後は，自治体は国の指導を離れることで，より強く独自の判断を求められ，地域経営の責任を問われるようになった．これは，地方自治が国の権力の抑制，均衡を図るための憲法システムに組み込まれた憲法の意思からすれば当然の帰結であったといえる．

　改革がスタートした直後は，国も地方もこれまでの上下主従のパターンを無意識に踏襲したり，お互いに遠慮してぎこちなかったりしていたが，2002 年の国の経済財政の基本方針である「骨太の方針 2002」に国庫補助負担金の廃

止縮減，税源移譲，地方交付税見直しのいわゆる「三位一体の改革」が書き込まれると状況は一変した．税源移譲より国庫補助負担金の削減がはるかに多く，地方交付税なども大幅な削減があったため，財政的に窮迫した自治体は国に対して猛反発することとなった．とりわけ全国知事会では「闘う知事会」を掲げて国と対等にわたりあったが，市町村は1999年から本格化した「平成の大合併」の真っ最中であった．2006年には地方分権改革推進法が制定され，国から自治体への権限移譲，国の出先機関の整理統合，法令による義務付け・枠付けの見直し，地方税財源の充実確保など第二次地方分権改革が進められた．

一方，国においても地方に対する見方が変わってきた．この間，内閣府では2005年に地域再生法に基づく地域再生方針に「ソーシャル・キャピタル」（第6章で詳説）の活性化が書き込まれ，総務省では2007年から「新しいコミュニティ」の研究を始めるとともに2008年には地域力創造本部を設置，国土交通省では2008年の国土形成計画で「新たな公（こう）」という担い手概念を創出するなど，自治体内での多様な自治の担い手のあり方が模索された．2009年の政権交代で推奨された「新しい公共」の概念は，官だけでなく，市民，NPO，企業などが積極的に公共的財・サービス提供主体となり，身近な分野で共助の精神で活動すると位置づけられ，2010年には，① ヒト，② 地域資源（モノ），③ 地域資源の活用・事業化，④ 域内循環を高める仕掛けという4つの構成要素により，地域資源を最大限に活用し，地域の自給力と創富力を高める「緑の分権改革」がスタートした．

2012年の再政権交代以降もこうした地域政策の系譜は受け継がれ，人口急減・超高齢化という大きな課題に政府一体となって取り組み，各地域がそれぞれの特徴を活かした自律的で持続的な社会を創造するため2014年にまち・ひと・しごと創生法が成立した．同法では国，地方を通じて，「まち・ひと・しごと創生長期ビジョン」と「まち・ひと・しごと創生総合戦略」を策定することとされた．その中で「人口ビジョン」として推定された人口減少に歯止めをかけるとともに，東京圏への人口の過度の集中を是正し，それぞれの地域で住みよい環境を確保して，将来にわたって活力ある社会を維持するため，基本目標達成に向けて地域経済分析システム（RESAS）を活用して政策パッケージを編成，総合的に取り組むこととなった．いわゆる「地方創生」の始まりである．

1-4　自治体による戦略性の獲得

　わが国の地方自治は都道府県と市町村の二層制であるが，その組織や運営は地方自治法や地方財政法，地方税法，地方公務員法など同じ通則法により規定されており，人口約1400万人の東京都も約380万人の横浜市も200人弱の青ヶ島村も同じルールに則って組織し運営されている．地方分権改革以前は，機関委任事務制度により各自治体の業務は国の指導の下で画一性を志向する傾向が強くならざるを得なかった．

　先に企業の経営戦略にあたるものが総合計画であるとしたが，総合計画は一般的に基本構想（地方分権改革以前は市町村では地方自治法により作成が義務づけられていた）と基本計画で構成され，基本構想には今後どのような地域社会をつくりたいかという定性的な希望が書き込まれるとともに，基本計画には各事業部局から提出された希望する事業が網羅的に並べられることが多かった．従来は政策－施策－事務事業という政策ツリーに沿って事業の重複がないように総合的に整理，調整される程度で，ある意味無味乾燥な冊子であり，酷い言い方をすれば予算編成時の要求根拠が書き込まれているに過ぎなかった．

　ところが，まち・ひと・しごと創生法により人口見通しを含む長期ビジョンや総合戦略の策定が求められると，これらを総合計画に組み込む自治体が増えてきた．総合調整として合理性や論理性を中心に求められてきた総合計画に，戦略としての創造性や革新性も付加されることになる．各事業の積み上げで整合性を図ってきたものが，人口減少という避けがたい変化を外部要因として，現状を継続したままの将来の姿と希望する将来の姿の差分を埋めるためにどうすればよいかと，自治体は変革のシナリオを求めるようになったのである．こうした総合戦略の作成段階ではできるだけ住民の意見を反映しているが，団体自治の正統性の淵源が住民自治であれば当然である．

　しかし，そうはいっても，自治体のドメインは地方自治法2条2項で地域における事務と法令事務が事業範囲とされ，同条3項で市町村は都道府県が処理するもの以外を一般的に処理し，都道府県は同条5項で広域事務，連絡調整事務，規模・性質で市町村が処理することが適当ではない事務を処理することとされるなど，企業の事業ドメインより広く，かつ法定されており撤退が困難なものである．ゆえに全体戦略上，もうかるかや勝ち目があるかといった判断基準で個別事業を評価するポートフォリオも自由に設定をすることが難しい．

　外部環境の分析は自治体においても行うが，競争優位を確立するためではなく，むしろナショナルミニマムの上にどれだけ近隣自治体や類団（類似団体）との行政サービスの公平性を確保するかというところに注意が集中する．新規事業については政策のイノベーションと自治体間の政策波及があるが，人口減少時代には外部資源の制約が影響を与える．内部環境については，役所内部では首長の下に組織機構が設けられ，部局ごとに事務事業が分掌される．各部局では役所外で地域内の様々な主体に対して，法令に加えて条例という法規範による強制，財政支出という誘導，人的関係性という協働により各部局の事業戦略の目標達成を行う．それらの活動を支援するのが総務部や企画部と称される内部管理部局で，秘書，組織，人事，財政，企画などのいわゆる官房部門を掌る．こうした内部資源をどのように組み合わせ活用できるは自治体経営上の醍醐味でもある．

　地方自治における顧客はややもすれば住民と定義しがちだが，誤りではないもののすべてを言い表していない．住民は単なる顧客に留まらず，企業経営でいえば株主であり，関連企業であり，また，独立した個人事業主でもあるからだ．ドラッカーが「顧客は自らが求めるもの，必要とするもの，期待するものにしか関心を寄せない．顧客の関心は常に，この製品あるいはこの企業は自分に何をしてくれるかである」（ドラッカー 2007）とするような単一側面だけで割り切れないのが住民である．住民は顧客の立場であると同時に主権者すなわち自治体の共同所有者であり，かつ自己実現のために協働するのである．

第2節　人口減少社会において同時進行する大きな環境変容

2-1　国が検討し進める様々な社会構造改革

　近年，国においては，人口減少と人口構造の変化という環境の激変に対応して様々な検討を加え，民間の革新的変化を捉えた新しい方向性を打ち出している．これらは，自治体にとり外部入力の大きな変化となり，内部における自己変革をもたらす．主な外部環境の変化を順にみていこう．

2-1-1　減少する人口と進行する少子高齢社会

　わが国においては総人口が減少中であり，減少度合いは加速化している．また，出生数が減少するのに対して，医療技術の高度化や平均寿命の延伸により

高齢化が進んでいる．とりわけ諸外国に例をみないスピードで進行する高齢化
については，団塊の世代が 75 歳以上の後期高齢者となる 2025 年以降に増大す
ると見込まれる医療や介護需要に対応し，高齢者が重度な要介護状態となって
も尊厳を保持しながら住み慣れた地域で自分らしい暮らしを人生の最後まで続
けることができるように住まい・医療・介護・予防・生活支援を一体的に提供
する「地域包括ケアシステム」の整備が進められている．人口減少が進行する
中でシステムを維持するためには，当事者の自立の維持と地域資源の総動員，
関係機関の連携が必要である．

　地域包括ケアシステムの前提は医療と介護のシームレスな接続だが，医療サ
イドでは地域医療政策のあり方についても見直しが進んでいる．従来の医療政
策では国が診療報酬の改定を通じて全国一律の調整を行っていたが，2014 年
の地域における医療及び介護の総合的な確保を推進するための関係法律の整備
等に関する法律により，そうした調整権限は都道府県知事に委ねられた．

　また，「地域医療計画」のもとで，人口減少・高齢化に伴う医療ニーズの
質・量の変化や労働力人口の減少を見据え，医療機関が担う機能を再構築し，
2025 年の医療需要と病床の必要量を高度急性期や急性期，回復期，慢性期に
分けて推計し，地域において需給調整を行う「地域医療構想」が新たに策定さ
れ，地域医療構想調整会議で機能分化や連携の調整が行われることとされた．
また，2018 年には国民健康保険法改正により，制度が始まって以来の大改革
として，従来の市町村に加えて都道府県が保険者となり財政運営の責任を負う
こととされた．このことで知事は地域全体の医療財政と医療提供体制の双方に
関与することができるようになった．他に，医師確保や高額医療機器適正配置，
医師の働き方改革など地域医療分野での医療資源の再定義と再配分の改革は進
行中である（第 5 章で詳説）．

　地域包括ケアシステムは高齢者を対象とした制度であるが，2016 年の「ニッ
ポン一億総活躍プラン」で，すべての人々が地域，暮らし，生きがいを共につ
くり，高めあうことができる「地域共生社会」の実現が目指されるようになり，
2017 年には，地域包括ケアシステム強化のための介護保険法等の一部を改正
する法律により社会福祉法も改正され，高齢者に限らず，子どもや障害者も含
めた全世代・全対象型の包括的支援体制が市町村の努力義務となった．支え手
と受け手に分かれるのではなく，地域のあらゆる住民が役割を持ち，支えあい

ながら地域コミュニティを育成することとされたのである.

　これは近年，8050問題[1]やダブルケア[2]，ヤングケアラー，生活困窮，セルフネグレクト，若年性認知症，高次脳機能障がい，刑余者など，従来の単一の制度的手当で普遍的対応ができない個別多様でかつ多重の課題を抱えた住民が増えてきたためで，行政だけで物理的にも財政的にも支えきれなくなっていることから，地域の関係者による社会的包摂[3]が求められている.

　さらに，少子化対策は長い取組であるものの顕著な成果を得られていない. 2008年に社会保障国民会議が設置されて以降，2度の政権交代を経て実現した「社会保障と税の一体改革」により，2014年以降はこれまでの基礎年金，老人医療，介護という高齢3経費を拡充し，子育てを社会保障の4本目の柱に位置づけた. 2015年からは「子ども・子育て支援新制度[4]」も施行されている. 2020年には「全世代型社会保障改革」もスタートし，子ども・子育てだけでなく，結婚，妊娠・出産にまで行政の守備範囲が広がっている.

　OECD諸国で下位に甘んじてきた初等中等教育分野についても大きな変革が進んでいる. 幼児教育の無償化や切れ目のない支援体制構築に向けた特別支援教育の充実，35人学級の推進，義務教育児童生徒1人1台端末と高速大容量通信網整備などによるGIGAスクール構想，いじめ対策や不登校支援，虐待防止など新しい時代の学びの環境整備と学校における働き方改革の推進に，2015年の地方教育行政の組織及び運営に関する法律改正で創設された総合教育会議を通じて，首長が地方教育行政に責任を持つこととなった.

2-1-2　進行するデジタル化社会

　現在，産業界においては劇的な変化である「第四次産業革命」が進行中である. 蒸気機関による工業の機械化である第一次産業革命と分業に基づく内燃機関や電力モータを用いて大量生産につながった第二次産業革命により工業における肉体労働の多くを軽減するとともに大量生産大量消費時代がスタートし，コンピュータとインターネットによる情報通信技術の革新を伴った第三次産業革命により定型的な事務労働が代替された. 第四次産業革命では，AIを汎用活用技術とし，ビッグデータやIoTやロボティクスなどの技術革新[5]により，不定型でカスタマイズされた生産・サービスの効果的な提供，既存資源・資産の効率的な活用，そしてサービス業の肉体労働の軽減が可能となる. これらは人口減少時代に地域で不足が予想される労働力の代替や集約化に貢献する.

　一方，第四次産業革命のイノベーションにより実現可能となったサイバー空間（仮想空間）をあらゆるフィジカル空間（現実空間）と高度に融合させたシステムにより，経済発展と社会的課題の解決を両立する人間中心の社会を築こうとするのが「Society 5.0」である．この考え方は，「第 5 期科学技術基本計画」（2016 年）で打ち出され，「第 6 期科学技術・イノベーション基本計画」（2021 年）にも引き継がれている．これは，「高齢化や地域間格差，環境破壊などの社会問題を，AI，IoT，ビッグデータを用いて持続可能な社会を目指そう」とするものであり，「日本人はヴィジョンを作るのが苦手，というかヴィジョンを作ることの重要性にすら気づいていないことが多い．だが，ソサエティ 5・0 は外国でも評価され受け入れられている」（井上 2019）とされるように，地域社会においても経済発展と社会的課題解決の両立を実現する指針となりうる．

　そうしたなか，ゆとりと豊かさを実感できる国民生活の実現や活力ある地域社会の実現，国民が安全で安心して暮らせる社会の実現などに寄与するデジタル社会の形成が進められている．デジタル社会形成基本法（2021 年）などに基づき，2021 年 9 月にはデジタル庁が発足し，個人情報保護制度やマイナンバー制度，押印・書面交付などを求める行政手続の見直しが行われた．自治体においても，地方の豊かさをそのままに，利便性と魅力を備えた新たな地方像として示された「デジタル田園都市国家構想」（2021 年）を受け，デジタル・トランスフォーメーションや AI，RPA [6] などの導入によるスマート化，クラウド化など情報システムの標準化の推進が求められる．

2-1-3　地球社会の中の地方自治

　移動手段の高速化やグローバル化の進展により，地方自治も新しく世界とのつながりができてきた．経済界が求める高度人材に加え，外国人の単純労働人材を確保するため日本経済団体連合会から度重なる提言があり，国は 1990 年に南米系外国人の定住者資格を創設，技能実習生制度を改善しながら運用し，2020 年からは在留資格に特定技能が創設された．数多くの外国人人口が，家族同伴で地域社会に増加したことで，「多文化共生社会」づくりも必要となった．また，地域経済を支える主体の地域生活を支えるのも自治体の新たな役割となりつつある（第 7 章参照）．

　さらに，経済成長だけを促進するのではなく，持続可能でより良い世界を目指す国際目標が 2015 年の国連サミットで採択された「SDGs（持続可能な目標）」

である．17 のゴール，169 のターゲットで構成され，地球上の誰一人取り残さないことを目指している．国も SDGs 推進本部を設置し，アクションプランを作成して取り組んでいるが，各種計画に SDGs 目標の位置づけを標準装備して持続可能な社会づくりを目指す自治体も増えてきた．

こうした SDGs やパリ協定など世界とともに達成を目指す環境・経済・社会の課題に対応するため，「第五次環境基本計画」（2018 年）では，「地域循環共生圏」を創造することとされている．地域が持続可能となるために，地域の特性を活かした強みを発揮し，地域ごとに異なる資源が循環する自立・分散型社会を形成し，各地域が補完し支えあうことで広域ネットワークを構築するとしている．「曼荼羅」と称する地域資源と地域政策の連関図を作成することにより，自治体は地域経営の俯瞰図を得ることができるとされている．

2-2　自治体戦略 2040 構想研究会報告と第 32 次地制調答申

このほかにも，産業政策や国土政策など幅広い政策分野でも地域を主体とする大きな変化が生まれているが，様々な個別課題への対応を俯瞰的に眺めると，人口減少と高齢化は自治体が行政上の諸課題に対応する上での大きなインパクトとなっていることがわかる．そこで，多様な自治体行政の展開により地域レジリエンス（社会構造の変化への強靭性）向上の観点で，65 歳以上の高齢者人口が最大となる 2040 年ごろの自治体が抱える行政課題を整理した上で，バックキャスティングでその実現手段を考える「自治体戦略 2040 構想研究会」が 2017 年に総務大臣のもとに設けられた．バックキャスティングは，未来のあるべき姿から逆算して必要な対策を考えるもので，現状を継続した場合に破滅的な将来が予測されるときに用いられる手法である．

2018 年 4 月には第一次報告が，7 月には第二次報告が取りまとめられたが，報告の副題が「人口減少下において満足度の高い人生と人間を尊重する社会をどう構築するか」とされるように，「2040 年頃にかけて迫り来る我が国の内政上の危機を明らかにし，共通課題とした上で，危機を乗り越えるために必要となる新たな施策（アプリケーション）の開発とその施策の機能を最大限発揮できるようにするための自治体行政（OS）の書き換えを構想」している．

OS の書き換えに際しての課題は，① スマート自治体への転換，② 公共私による暮らしの維持，③ 圏域マネジメントと二層制の柔軟化，④ 東京圏のプ

ラットフォームの4点が掲げられた．人口減少に伴い必然的に減少する公務員数に対し，比例して減少しない事務量という労働力制約については，新たに破壊的技術として AI やロボティクス，ブロックチェーンなどを導入し業務を自動化・省力化すれば半分の人数でも運営を回すことができ，限られた人材を企画立案機能に集約できるとする．

一方，第32次地方制度調査会は，2020年6月に「2040年頃から逆算し顕在化する諸課題に対応するために必要な地方行政体制のあり方等に関する答申」（以下，「答申」という）を取りまとめた．答申は，「2040年頃にかけて生じる人口構造の変化やインフラの老朽化等は，様々な内政上の課題を顕在化させる．他方で，Society 5.0 の到来をはじめとする技術の進展，ライフコースや価値観の変化・多様化は，資源制約等の現れ方を変える可能性がある」と自治体の経営環境の変化を指摘し，未来の状況を想定した上で，そこから逆算して取り組むべきことについて提示している．

2040年ごろにかけて顕在化する変化・課題は，生産年齢人口の減少幅が大きくサービス提供や地域経済活動の制約，高齢者や単身世帯の増加，インフラの老朽化と更新需要の高まり，維持管理・更新人材の減少，都市的土地利用と空き地・空き家の増加による都市の低密度化・スポンジ化の進行，Society 5.0 の到来など技術の進展，女性の社会進出，地域づくりから移住・関係人口の呼び込み，多文化共生，ライフコースや価値観の変化・多様化，大災害リスクの増大と幅広く，これらが相互関係を持つことを基本認識とする．

そして，新型コロナウイルス感染症のリスクや課題も整理した上で，「目指すべき地方行政の姿」について，「地域課題に総合的に対応する地方公共団体に求められる役割は大きく，そのあり方を変化やリスクに適応したものへと転換していく必要がある」とした．とりわけ市町村は住民に最も身近な基礎自治体として，首長，議会，住民に加え，コミュニティ組織，NPO，企業などの地域社会を支える様々な主体がともに，活用できる地域資源が限定されるなかで何が可能なのか，どのような未来を実現したいのか議論を重ね，ビジョンを共有していくことが重要であるとしている．これは，まさに住民自治への回帰である．都道府県には，市町村の補完・支援が期待されている．答申は，具体的な取り組みとして，① 地方行政のデジタル化，② 公共私の連携，③ 地方公共団体の広域連携，④ 地方議会の4点の改革を求めている．

2-3　新型コロナウイルス感染症と危機管理

　2020 年からパンデミックを起こし，社会経済システムの停止と混乱を強要
した新型コロナウイルス感染症は，致死率としては比較的高くないものの感染
速度が速く，ワクチン接種による社会免疫獲得を先回りした重症患者の急激な
増加で病床をひっ迫させ，各地で医療崩壊を招来した．まん延防止のため，あ
らゆる社会経済システムの書き換えが行われ，今も行われている．

　近現代史を通史の視点から複数のシステムの交代として把握し，「はじまり
－制度化－区切り目という流れでシステムがかたちづくられ，一つのシステム
はおおよそ二五年間の期間持続」するとする成田龍一は，直近のシステムが
1995 年の阪神・淡路大震災と地下鉄サリン事件をはじまりとし，2011 年の東
日本大震災と福島第一原子力発電所事故を通してシステム化が行われたとみて
いる（成田 2019）．25 年周期で新しいシステムに移行するのであれば，次の画
期はちょうど 2020 年の新型コロナウイルス感染症パンデミックがそれに当た
るはずである．社会が編成と再編成を繰り返すとすれば，2020 年から新しい
社会経済システムが構築され始めることになる．

　新型コロナウイルス感染症については，2009 年の H1N1 亜型新型インフル
エンザの流行を受けて進めた準備が，無方針の政治主導により残念ながら計画
に沿って対応されたとはいえない．感染症法や新型インフルエンザ等対策特別
措置法の法的枠組みと新型インフルエンザ対策等行動計画に沿った冷静な対応
が行われなかったことは残念である．とりわけ，司令塔である国の機能不全に
より，自治体が住民の生命や健康を守るために権限外の責任に直面する事態と
なった．自治体によっては対策が成功したところと失敗したところがあり，地
域経営という側面からは，中立的な再検証が必要であろう．新型コロナ対応民
間臨時調査会は以下のように警鐘を鳴らす．「同じ危機は，二度と同じように
は起きない．しかし，形を変えて，危機は必ずまたやってくる．学ぶことを学
ぶ責任が，私たちにはある」（アジア・パシフィック・イニシアティブ 2020）．

　一方，自然災害の多いわが国において，自治体は災害対応の最前線に立たさ
れるが，内閣府は『「防災 4.0」未来構想プロジェクト有識者提言』（2016 年）
をとりまとめている．明治以降最多の死者・行方不明者を出した 1959 年の伊
勢湾台風を「防災 1.0」として災害対策基本法を制定し，都市直下大規模地震
により都市機能が壊滅した阪神・淡路大震災を「防災 2.0」と位置づけて，首

相官邸の初動体制や建築物耐震改修促進法，被災者生活再建支援法を整備，「ボランティア元年」が到来したとする．そして，観測史上最大の地震と大津波，原子力事故の複合災害であった東日本大震災を「防災3.0」として，被害想定見直しや減災対策，想定最大規模災害への備え，原子力政策見直しなどが行われた．

　直近では，大規模自然災害が毎年複数地域で広域多発する「防災4.0」の時代に突入したといわれている．経済社会活動の国際化によりサプライチェーンが脆弱になるとともに，人口減少と少子高齢化で災害時要配慮者の増加と防災減災実働者の減少という課題に直面し，過疎化や財政制約が厳しくなる一方，情報通信技術の活用ができるという時代に差し掛かっている．自治体には地域全体のダメージを最小限に抑え，早期の復旧復興につなげるとともに，その間も行政サービスが提供できるよう BCP（業務継続計画）[7]の策定が求められている．

第3節　人口減少下にある自治体は大きな環境変化にどう対峙するのか

3-1　畢竟（ひっきょう），地域経営問題は住民に戻ってくる

　さて，地方自治の経営理念は「地方自治の本旨」であり，経営戦略である総合計画は，人口ビジョンと総合戦略を加えてバックキャスティングの視点を備え，戦略性を持てるようになった．国と地方は対等協力関係となり，自治体は国にお伺いを立てられなくなった代わりに政策の自由度を手に入れた．その一方，外部環境で最大のインパクトの1つは自治体の主要構成要素である人口が減少することであることに変わりはない．これは今後，相当期間にわたり与件となるものであり，地域経営を行う際に避けて通れない課題である．

　生産年齢人口の減少は，生産と消費を抑制し，経済活動の結果としての税収入の減少につながる．また，行政サービスを支える公務員や医療，福祉，介護，保育，ライフラインなどを支えるエッセンシャルワーカーの減少をも招き，社会基盤の維持更新にも苦慮することとなる．なにより，住民自治によって自治体の顧客のみならず主権者すなわち共同所有者としてガバナンスを担うべき住民が減少するのである．地域経営に影響しないわけがない．

　それに対し，第四次産業革命や Society 5.0 のように，労働集約型のみなら

ず知識集約型の産業においても，人口に代替する労働力の確保の可能性があることは望みである．しかし，デジタル・トランスフォーメーションは道半ばであり，急速にスマート化を進めなければならないにもかかわらず，こちらにも財政的，人的な資源制約は歩み寄る．せっかく労働力の代替可能性があるにもかかわらず，システムの導入費と維持管理経費，高度情報システムに精通した技術者の確保は自治体にとって大きな課題である．

　税収の確保は，これからの自治体が直面する頭の痛い問題である．人口が減少すれば，都道府県・市町村民税や固定資産税などの基幹税収は着実に減少する．行政サービスの対象は高齢化だけでなく個々人が抱える課題の多様化複雑化により当面減少することは見込めない．この差分を経済成長で埋めるには国の経済産業政策によるところが大きいが，即効性に欠けるばかりか，「成長と分配の好循環」と「コロナ後の新しい社会の開拓」をコンセプトとした「新しい資本主義」政策を進めるための歳出の増分圧力もあり，当面は財政上のやりくりは続きそうである．予算については債務負担行為や基金などで年度間調整を行うことは可能だが，ファイナンス面でのショートをきたさないように注意が必要である．地域の小規模事業を支援する場合には，クラウドファンディングや金融機関などと連携してファンドを立ち上げ，民間資金を活用することも考えられる．

　しかし，問題はそう簡単ではない．財政資源の確保は予算編成権を有する首長の責任であるが，予算審議権と予算議決権を有する議会にも大きな責任がある．また，議会には新規課税や住民の権利を制限し，義務を負わせる場合には，条例に落としこみ議決する責任がある．すなわち，財政問題は首長ひとりに責任を押しつけるわけにはいかないのである．そうであれば，そこから遡り，総合計画を策定する時点から議会は積極的に関与しなければならず，さらに遡り，原案の作成にはアンケートであれ，審議会であれ，パブリック・コメントであれ，主権者すなわち共同所有者である住民に関与の経路を開放し，将来の行政需要や経営資源に関する客観データをもとに，住民により負担と給付の優先順位の議論が重ねられ続けなければならないのである．

3-2　地域経営におけるロジスティクスの重要性
それでは，住民参加の上で経営戦略さえ柔軟に策定できればそれでよいのだ

ろうか．たとえバックキャスティングで未来戦略を立てたとしても，それを実行するのは自治体ではなく地域の様々な主体である．そうした様々な主体がそれぞれ持てる力を同じ方向に発揮して初めて，計画はその目標の実現に近づくことになる．戦略や計画の策定が目的ではなく，その目標の実現こそが，もう1つの「地方自治の本旨」である団体自治の目的なのである．しかし，そうして地域力を生み出しても，そのままにしておけば滞貨となり，そのうちに腐り出すだろう．必要なものを必要とされているときに必要とされるところに必要な量を適切につなぎ，届けなければせっかくの経営戦略も宝の持ち腐れである．

　石津朋之は「戦争のプロは兵站を語り，戦争の素人は戦略を語る」（石津 2006）とするが，ロジスティクスの大切さを指摘する至言でもある．これからの地域経営においては，自治体には地域内の各主体が必要とする資源を適時適切に切れ目なくつなぎ続けるという役割も求められる．

　バックキャスティングが求められる時代には，これまでの経験にとらわれた常識的な判断は通用しなくなる．たとえば，社会保障分野で言えば，これまで社会的弱者の救済は，医療保険や年金，雇用保険，介護保険など課題別に制度的対応が重ねられてきたが，こうした包括的な救済制度では救うことのできない細分化された課題を多重に抱える人が多くなり，個別に設計された施策が必要とされてきているのである．そうした際には，単にその分野だけの救済策を用意すればよいのではなく，隣接領域といかに連携できる施策を提供できるかが重要となる．とりわけ，人口減少時代には，次代を担う世代をしっかりと支える必要があり，教育を教育だけで孤立させず，福祉領域と「連携」だけではなく「融合」するところまで行かなければ，家庭課題を原因とする学校問題は解決されない．

　滋賀県湖南市では市長部局の発達支援室長に教員を充て，教育委員会に社会福祉士を置くというクロス人事で教育と福祉を物理的有機的に融合させ，一人ひとりの子どもの生きづらさに寄り添っている．滋賀県野洲市が始めた生活困窮者対策の多重債務整理も隣接領域との連携が肝となっているし，埼玉県和光市の日本版ネウボラも妊娠期からの切れ目のない支援を行うために隣接領域と積極的に連携している．中央から見た縦割りの行政ではなく，地方から見た個別具体的課題解決のための全体システムのカスタマイズが求められる時代となってきている．

3-3　政策総動員の時代

　対象者個人をどう救済するかに注目した法的整理も自治立法を動員しながら
考えていかなければならない．法的制度ができたとしても，実質的に運用する
ためには，コミュニティ組織や NPO，企業，住民などの幅広い協力が必要で
あり，公務員自身もそうした多様なアクターの一人としてこれらの主体をつな
ぎ，柔軟に活動することが求められてくる．それを自治体の組織風土が阻んで
いるとすれば楽しみながらでも職場全体で変えていかなければならないし，公
務員自身にも地域に飛び出す変革が求められる．新型コロナウイルス感染症対
策の教訓の 1 つは自治体間の力の差が露呈したことでもあり，普段からの情報
収集のアンテナの高さもあるが，未知のウイルスとの戦いにいかにセンス良く
対応できるかが問われた．戦力を逐次投入し，結果的に too little, too late と
なるのは下策であり，戦略的網羅的に適時適切な政策を打つことができる訓練
が必要である．

　未来予測からのバックキャスティングで進める経営には，そもそも成功の方
程式はない．自らが方程式を作りながら手探りで進まなければならないのであ
る．その際，重宝されるのが他自治体のベンチマーキングである．竹中は「地
方公共団体が新型コロナウイルス感染症に対応するためにとった新たな方策は，
しばしば重要な『先例』や『モデル』となった．特に一つの行政主体が感染症
への有効な対策を考案した場合，それは他の行政主体にも波及することが多
かった」としている（竹中 2020）．

　こうしたイノベーションされた政策の波及については，国と自治体の関係が
環境条件に応じてダイナミックに変化する態様を伊藤が「動的相互依存モデ
ル」と名づけたころには，まだまだ対象とされる政策分野が限定的であった．
伊藤は，国の介入がなければ自治体の横並びによる政策の平準化は緩慢である
と主張し，その原因を当該事務が自治体の責任と明定されていなかったためで
あるとしてきた（伊藤 2002）．

　しかし，地方分権改革から 20 年を経て，自治体が政策形成トレーニングを
重ねた上で急遽訪れたコロナ禍においては，機能しない国に対して目前の危機
へのやむにやまれぬ介入により政策の波及は一般化したといえる．今後は，コ
ロナ禍を契機として構築された水平的な政策波及ネットワークを活用して，自
治体間の連携を強め，新たな事業ドメインを模索し，政策形成能力をさらに高

めていく必要がある．

お わ り に
——川上に遡る地域経営——

　これまでの行政は次々に現れる課題へ対症療法的に対応してきたが，資源制約のあるなかで政策選択を迫られるこれからは，課題の発生源を川上に辿り，その水源地を抑えることで，放置することにより川下が氾濫して大規模に対応しなければならなくなる資源の浪費を避ける知恵が求められる．

　地域包括ケアシステムや地域医療構想，地域共生社会づくりなどは，個別の課題から川上に遡り，みつけた個別水源に最適関与を行い，費用の小さなうちに解決につなげようとする取り組みである．川下の大河に橋をかけるのは行政でなければ取り組めないかもしれないが，濫觴であれば住民自身の努力で解決することも可能となる．SDGs や地域循環共生圏づくりも，Society 5.0 も様々な資源をつなげ，地域全体をネットワーク化し，ブランディングして行く取り組みである．

　企業経営においては「新しいアイデアは経営者たちが従来の方法で評価するわけにはいかない」（マキナニーら 2000）とされるが，地域経営においても，他の自治体との競争優位を占めるためではなく住民一人ひとりの福祉を向上させるため，川上に遡る新しい取り組みを評価する新しい方法を常に考え続けなければならないのである．

注

1）　80 歳代の高齢者が 50 歳代のひきこもりの子どもの生活を年金などで支え，50 代のひきこもり青年が 80 代の親の介護をする状態をいう．団塊世代の高齢化と団塊ジュニア世代のひきこもりへの対策が放置された結果引き起こされた複合課題の 1 つで，生活困窮や DV，認知症，ゴミ屋敷などの課題とさらに複合化しやすい．

2）　親の介護と子育てを同時に行っている状態をいう．

3）　国民一人ひとりが誰も排除されずに社会に参加し，潜在能力を発揮できる機会を持てるように，社会的排除の構造と要因を克服する一連の政策的な対応やその理念をいう．ソーシャル・インクルージョンともいう．

4）　幼児期の学校教育や保育，地域の子育て支援の量の拡充や質の向上を進めるため

2015 年 4 月にスタートした制度．「社会保障と税の一体改革」に基づく消費税率引き
上げによる増収分が活用されている．「子ども・子育て支援法」，「認定子ども園法の一
部改正」「子ども・子育て支援法及び認定子ども園法の一部改正の施行に伴う関係法律
の整備等に関する法律」のいわゆる「子ども・子育て支援 3 法」から構成される．

5） Internet of Things の略．インターネットを媒介して様々な情報がモノとつながっ
た状態をいう．

6） Robotic Process Automation の略．ロボットによる業務自動化．人間にしか対応で
きないと考えられてきた作業を AI やセンサー，機械学習などの認知技術を活用して
代替させる取り組み．

7） Business Continuity Plan の略．自治体や企業，団体などが自然災害，大火災，テ
ロ攻撃などの緊急事態に遭遇した場合に，事業や資産の損害を最小限にとどめつつ，
中核となる事業の継続あるいは早期復旧を可能とするため，平常時に行うべき活動や
緊急時における事業継続のための方法，手段などを取り決めておく計画のこと．

参考文献

アジア・パシフィック・イニシアチブ（2020）『新型コロナ感染症対応・民間臨時調査会
調査・検証報告書』ディスカヴァー・トゥエンティワン．

石津朋之「解説 マーチン・ファン・クレフェルトとその戦争観」マーチン・ファン・ク
レフェルト（＝佐藤佐三朗訳）（2006）『補給戦──何が勝敗を決定するのか──』中
央公論新社．

伊藤修一郎（2002）『自治体政策過程の動態──政策イノベーションと波及──』慶応義
塾大学出版会．

井上智洋（2019）『純粋機械化経済』日本経済新聞出版社．

佐藤幸治（2011）『日本国憲法論』成文堂．

竹中治堅（2020）『コロナ危機の政治 安倍政権 vs 知事』中公公論新社．

ドラッカー，P. F.（＝上田惇生訳）（2007）『ドラッカー名著集 7 断絶の時代』ダイヤモ
ンド社．

成田龍一（2019）『近現代日本史との対話【幕末・維新―戦前編】』集英社．

マキナニー，F.・S. ホワイト（＝竹中平蔵訳）（2000）『スピードの経営革命』三笠書房．

増田寛也編著（2014）『地方消滅──東京一極集中が招く人口急減──』中央公論新社．

村松岐夫（1994）『日本の行政』中央公論社．

矢口芳生（2018）「『地域経営学』の社会的・学術的背景と到達点」『福知山公立大学研究
紀要別冊』福知山公立大学．

第4章 地域経営における社会的企業および NPO の役割

桜 井 政 成

は じ め に

　本章では地域経営における社会的企業および NPO の役割について説明を行う．それにあたりまず，第 1 節で NPO とはどのようなものを指しているのかを明確にしておきたい．そしてそれが，社会的企業という概念とどのように関係するのかを解説する．続いて次節では，NPO・社会的企業が地域経営にどのような役割を果たしているのか，現在の政策動向から検討する．最後に，今後の地域経営において，NPO・社会的企業にどのような視点や能力を持つことが期待されるのかについて述べ，本章をまとめる．

第 1 節　NPO の概念

　まずは，NPO の概念を確認するが，それは 1 つの定義に収まるものではなく，いくつかの捉え方がグラデーションのように重なりつつ存在していることを先に伝えおきたい．日本において NPO（Nonprofit Organization：非営利組織）という言葉は，特定非営利活動法人（以下「NPO 法人」と略記）を指すことが多い．しかしながら日本には複数の種類の法人（法律的に人格を与えられた主体を指す）が非営利組織として存在しており，それらを全て含めて NPO ということもできてしまう．**図 4-1** は，そうしたいくつかの「NPO」と呼ばれる組織のパターンを示したものである（経済企画庁 2000；桜井 2021）．

　まず**図 4-1** に示す（1）としている一番左の枠が，最も狭い意味での NPO となる．これは先の述べた通り NPO 法人を指すことになる．そしてそれよりもやや広い意味として，（2）にある NPO 法人に加えて法人格を持たない（任

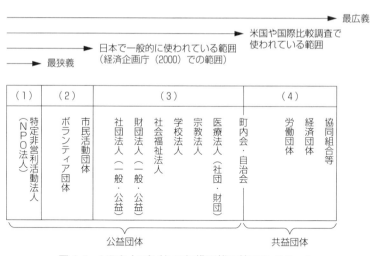

図4-1　NPOと呼ばれる組織形態の範囲のパターン

出典：経済企画庁（2000）を参考に桜井（2021）が一部修正.

意団体，人格なき社団などと呼ばれる）であるボランティア団体，市民活動団体が含まれる．なお細かい話になるが，「市民活動団体」とは市民活動といえる様々な公益的な活動を行っている団体を指す言葉であるので，本来は法人格の有無は関係ない呼び名である．そのためここでは，あくまで法人格のない市民活動団体を指している．

　そして，さらにそれよりも広い意味では，先に述べたように図4-1で（3）にある非営利法人全てを含んだかたちで「NPO」と呼ぶことができる．このように日本においてNPOが多層的な概念となった背景には，日本独自の事情がある．1995年に阪神・淡路大震災が起こった時，多くのボランティアが神戸市などの被災地で活動を行った．その姿は被災者のみならず，日本全国に希望を与えるものであった．「ボランティア元年」などとも呼ばれたその活躍への注目は，やがてボランティアが活躍できる組織の支援が必要であるという議論につながっていく．その時に取り上げられたのが，アメリカなどでのNPOの存在であった．

　繰り返しになるが，日本で非営利の法人は1995年以前にも民法で規定されて存在していた．医療法人，学校法人，社会福祉法人，（旧）社団法人・財団法人などである．しかしながら，それらは市民が自由に設立できる性質のもの

表 4-1　ジョンズ・ホプキンス大学国際比較調査による NPO の定義

・組織であること．制度的な立場と構造を持つこと
・民間であること．制度的に政府から独立していること
・利潤非分配であること．経営者やその他一連の「所有者」たちに利潤を還元しないこと
・自律性があること．自組織のことを自分たちで本質的に管理していること
・自発性があること．組織加入を法的に強制されず，ある一定のボランティアや寄付による貢献が 　あること

出典：Salamon et al.（1999）を桜井（2021）が翻訳．

　ではなく，また取り組む事業内容が限定され，広く地域社会のために活動がで
きるというわけではなかった．これに対してアメリカの NPO の制度では，法
人格自体は取得が簡便であり，それがおおいに参照されたという経緯があった．
そうして 1998 年に特定非営利活動促進法（通称 NPO 法）が国会で成立し，NPO
法人制度が生まれたのである．

　また制度的な話だけではなく，抽象化された「概念」としても，アメリカの
ジョンズ・ホプキンス大学が行った NPO の国際比較調査が日本に紹介され，
それがある程度，NPO の定義として認識されるようになった．そこでは**表
4-1** のような 5 つの要件が挙げられており，その要件とは「組織であること」，
「民間であること」，「利潤非分配であること」，「自律性があること」，「自発性
があること」となっている（Salamon and Sokolowski 1999）．

　このなかでも特に重要視されがちなのが，「利潤非分配」の要件である．そ
れは，経営者やその他一連の所有者たちに利潤を還元しないこととされる．逆
に言えば営利企業は利潤の分配がなされる組織である．たとえば，株式会社で
あれば，出資した株主たちに配当というかたちで会社の利益が還元される．

　しかし，非営利組織ではそうした仕組みはなく，利益はすべて組織の運営上
のコストと，次の事業に向けての再投資として使われることが前提となる．つ
まり，NPO＝非営利組織は「利益を生まない」のではなく，「利益を分配しな
い」組織なのである（「分配」には組織で働く従業員の給与は含まれないことに注意が必
要である）．

第 2 節　NPO の法制度

　NPO 法人の制度（特定非営利活動促進法）について，ここで説明しておきたい．

表 4-2　特定非営利活動促進法における特定非営利活動分野

① 保健，医療又は福祉の増進を図る活動
② 社会教育の推進を図る活動
③ まちづくりの推進を図る活動
④ 観光の振興を図る活動
⑤ 農山漁村又は中山間地域の振興を図る活動
⑥ 学術，文化，芸術又はスポーツの振興を図る活動
⑦ 環境の保全を図る活動
⑧ 災害救援活動
⑨ 地域安全活動
⑩ 人権の擁護又は平和の推進を図る活動
⑪ 国際協力の活動
⑫ 男女共同参画社会の形成の促進を図る活動
⑬ 子どもの健全育成を図る活動
⑭ 情報化社会の発展を図る活動
⑮ 科学技術の振興を図る活動
⑯ 経済活動の活性化を図る活動
⑰ 職業能力の開発又は雇用機会の拡充を支援する活動
⑱ 消費者の保護を図る活動
⑲ 前各号に掲げる活動を行う団体の運営又は活動に関する連絡，助言又は援助の活動
⑳ 前各号に掲げる活動に準ずる活動として都道府県又は指定都市の条例で定める活動

出典：筆者作成.

特定非営利活動促進法（以下「NPO法」と略記）は，特定非営利活動を行う団体に法人格を付与することなどにより，ボランティア活動をはじめとする市民の自由な社会貢献活動としての特定非営利活動の健全な発展を促進することを目的として，1998年（平成10年）12月に施行された（内閣府ホームページより[1]）.

　特定非営利活動とは**表4-2**の20種類の分野に該当する活動であり，不特定かつ多数のものの利益に寄与することを目的とするものとされている.

　先にNPO法人は，それまでの非営利の法人制度に比べて，取得が簡便であると述べた．これは行政から組織の設立・運営への関与が少ないためである．しかし，その代わりに「市民の選択，監視，あるいはそれに基づく法人の自浄作用による改善発展を前提とした制度」（同上ホームページより）とされており，そのため制度的にNPO法人の情報開示が重視されている．毎事業年度初めの三ヶ月以内に前事業年度の事業報告書などを作成し，全ての事務所において備置き，その社員および利害関係者に閲覧させる義務を負う．また，条例で定めるところにより，毎事業年度一回，事業報告書などを所轄庁に提出する必要が

ある.

　なお NPO 法人以外にも簡便に取得できる非営利法人格として, 2006 年の公益法人制度改革により, 一般社団法人, 一般財団法人が設立できるようになっている. その影響もあり, NPO 法人数の伸びは全国で鈍化しているが, 2022 年 1 月末現在全国で 5 万 860 法人が存在している[2].

第 3 節　社会的企業とは

　NPO と呼ぶ組織形態の範囲が日本と世界 (主にアメリカ) では異なることを示したが, そこでは最広義として労働団体, 経済団体や協同組合といった「共益組織」も含む場合がある. 図 4-1 では (4) に示したものがそれにあたる.

　ヨーロッパではアメリカ型の NPO 概念は, 地域社会のために活動する組織としてあまりなじみがあるものではなかった. その代わりに協同組合, 共済といった共益組織がその役割を担っているという認識が強くあった. これらの組織は「社会的経済」という概念で整理されており, その原則は ① 利益よりも構成員あるいはその集団に奉仕することが目的であり, ② (国家や営利企業に対して) 管理の独立 (性を有していること), そして ③ (1 人 1 票制の) 民主的な意思決定過程をもち, ④ 収益の分配においては資本より人間と労働を優先することとされている (Defourny and Monzón Campos 1992=1995).

　このような社会的経済の考え方には, アメリカ型 NPO の「利潤非分配」の原則がなじまない. なぜなら, 共益組織では利潤を構成員 (たとえば協同組合であれば組合員) に分配するためである. それは利益をコミュニティに還元するという意味で, 株式会社のような営利会社とは異なるが, しかし非営利組織でもないということになる. このためヨーロッパでは NPO と, 協同組合を中心とする共益組織とを合わせて, どちらも社会的な活動を行う主体であると整理した「社会的企業」という概念が発達した.

　一方, アメリカでも社会的企業という組織概念はみられるようになったが, それはヨーロッパとは異なる文脈からであった. その発端は, NPO だけでなく営利企業も社会的な活動を行っていることに注目が集まったことによる. たとえば途上国の貧困問題を解決するために安価で生活必需品を販売する企業や, ホームレスの雇用を促進している企業などが挙げられるだろう. それらの営利

企業とNPOには，継続的な事業活動（経済活動）を行うことによって，経済的な達成だけでなく，非経済的な，社会的目的も達成しようとしている共通点がある．こうした「NPOと営利企業の接近」をアメリカでは「社会的企業」と呼ぶようになった．なおこうしたアメリカ型の社会的企業の活動の成果については，経済的な指標だけでなく社会的な指標を用いて測定する必要があり，そのことをダブル・ボトムラインとよぶ．また経済的な達成と社会的な達成の他に「環境への配慮」も含めることがあり，それら3つをトリプル・ボトムラインと呼ぶ．

　日本でも社会的企業という考え方は広まりつつある．しかし上記のようなアメリカ型，ヨーロッパ型それぞれの考え方が輸入されているため，**図4-2**に示したような点線部分が日本での社会的企業と考えられている部分になっている（桜井 2021）．そこに含まれる組織の形態は次の3通りとなる．

　まず日本における社会的企業の形態として「事業型NPO」がある．先に述べたような制度設立や運営面で市民性が強調されるNPO法人において，その経済的自立が長い間課題とされている．現在，政府や自治体は，NPOに対して補助金ではなく，事業委託や保険制度などの市場的な仕組み（擬似市場などと呼ばれる）によって資金を提供するようにもなっている．そうした政府の擬似

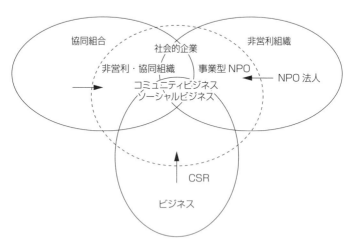

図4-2　日本における社会的企業と呼ばれる組織の形態

出典：桜井（2021）.

市場や，一般の市場経済で NPO が事業を積極的にするようになっており，そうした NPO のことを一般的に「事業型 NPO」と呼ぶようになっている．これを先に述べた「NPO と営利企業の接近」の一部であると理解する論者もいるが，NPO 法人は従来通り市民性を強く持っており営利企業とは峻別されるという研究もある (桜井 2021)．いずれにしても寄付や補助金に収入を頼る「慈善型の NPO」(あるいは市民活動団体) とは異なるという意味で，そうした「事業型 NPO」を社会的企業と称することが多い (川口 2004)．

　次に，ヨーロッパの議論にあったような「協同組合と非営利組織の接近」が第 2 の日本での社会的企業形態として存在している．これは，1990 年代に提起された「非営利・協同」という概念がそれを示したと考えられる (角瀬・川口 1999)．イタリアなどでは社会的な目的を持つ (すなわち公益的な) 協同組合の制度として「社会的協同組合」が存在している．日本ではそうした組織形態は法制度化されていない．しかし，1990 年代後半からの「失われた 20 年」以降の雇用情勢悪化から，広く社会的な問題としての就労支援を焦点とする協同組合が広がってきている．こうした就労支援に注目した社会的企業をヨーロッパでは「労働包摂型社会的企業 (略称 WISE – Work Integration Social Enterprise)」と呼び，それは広くヨーロッパ全域でみられる組織形態であるとされている (Nyssens 2006)．そうした WISE では就労などの社会問題の解決のためには，多様な利害関係者を意思決定や組織運営に参画させ，民主的に意思決定をする「マルチ・ステイクホルダー型」の意思決定構造がポイントともされている (藤井・原田・大高 2013)．[3)]

　日本の社会的企業のパターンとして最後に，アメリカで議論されたような「社会的事業」を行う営利企業についての議論，あるいは「NPO と営利企業の接近」が存在するが，それは「ソーシャルビジネス」という名称で呼ばれることが多い．これについての定義は経済産業省による整理が一般的によく知られている (**表 4-3** 参照)．それによれば，ソーシャルビジネスは社会性，事業性，革新性という事業の 3 側面から定義されている (経済産業省 2008)．こうしたソーシャルビジネスには営利企業だけでなく，NPO や協同組合形態の組織も含んでいることに留意が必要である．そこでは，「主に，ソーシャルビジネスを行うことを目的として活動する事業主体」が「社会的企業」なのである (経済産業省 2011)．

表4-3　ソーシャルビジネスの定義

① 社会性……現在解決が求められる社会的課題に取り組むことを事業活動のミッションとすること.
② 事業性……① のミッションをわかりやすいビジネスの形に表し，継続的に事業活動を進めていくこと.
③ 革新性……新しい社会的商品・サービスや，それを提供するための仕組の開発，あるいは，一般的な事業を活用して，社会的課題の解決に取り組むための仕組の開発を行うこと.

出典：経済産業省（2008）.

　このように日本では，社会的企業は多様なタイプの組織を指して呼ばれるが，その一部として事業型の NPO も含まれているといえる.

第4節　地域経営と NPO・社会的企業との接点（政策的背景）

4-1　市町村での法律的な位置づけ

　では，地域経営に NPO や社会的企業はどのように関わるのであろうか. それを考えるために，まず現状での多くの自治体における，地域経営上の NPO の位置づけを確認しておきたい.

　各自治体においては，自治基本条例，まちづくり基本条例などによって，NPO などの市民活動団体の位置づけをその自治やまちづくりにおいて明確に定めるところも増えてきている. たとえば，山梨県甲府市の自治基本条例は 2007 年 6 月に交付されているが，そこでは「地域社会の中で地縁や共通の公共的関心事によってつながりをもち，互いに助け合い，あるいは共通目的を達成するために結ばれた自治会などの団体や特定非営利活動法人，ボランティア団体など」をコミュニティ団体などと呼び，そのコミュニティ団体などは「その担い手として住民自治を推進する役割があります」としている（第3条，第11条）. ここでの「特定非営利活動法人，ボランティア団体など」がいわゆる NPO にあたる（前述の図4-1 も参照）. このような甲府市の例が典型的であるが，自治基本条例やまちづくり基本条例の中では住民の自治についての積極的な位置づけ（時には「責任」とされる場合も）が明記され，そしてそれを組織化し進める主体の 1 つとして NPO が位置づけられていることが多いといえる.

　これまで地域コミュニティの自治活動を推進する主体としては，地縁団体と呼ばれる町内会や自治会がメインに考えられてきた. しかしながら，NPO 法

の施行以来，この甲府市の条例にみられるように NPO 法人や任意団体のボラ
ンティア団体・市民活動団体も，住民自治の推進主体の 1 つと考えられるよう
になってきたのである．

　さらに，こうした自治基本条例・まちづくり基本条例などに基づき，具体的
な地域社会づくりの行政計画の中に NPO を位置づける自治体も出てきている．
そして，それらは「地域経営」という名称が使われることも増えてきた．町田
市では，2013 年 12 月に策定した「協働による地域社会づくり」推進計画の後
継計画にあたる「地域経営ビジョン 2030〜協働による地域社会づくり推進計
画〜」を 2017 年 3 月に策定した．これは，2030 年の町田市の未来をビジョン
として共有し，よりよい地域社会づくりを推進していくための計画とされてい
る．

　この町田市の計画では，地域経営とは「地域と市が力を合わせ，地域資源を
活用して未来へと続く地域をつくりあげていくこと」と定義され，地域資源を
活用する「地域経営」を意識することで，社会情勢の変化にも対応する地域社
会を実現することができると考えられている．そして，① 魅力と個性を創造
する地域，② 未来と感動を共有する地域，③ 愛着と誇りを継承する地域とい
う 3 つの 2030 年に実現したい地域ビジョンを掲げた上で，ビジョン実現に向
けて施策として地域団体への支援の創設などを行うとしている．そして，この
地域団体の中に NPO 法人や任意団体などを含むとしている．

　このような現時点での各自治体が条例などで位置づける地域経営の捉え方，
そして，そこでの NPO の位置づけ方についてまとめるならば，町内会・自治
会といった地域団体と同様に，住民を組織化するとともに，地域コミュニティ
の課題への対応や住民の交流を進める主体として位置づけられているといえる
だろう．

　しかしながら，こうした各自治体での地域経営における NPO の位置づけは，
2016 年から施行された「まち・ひと・しごと創生法」によって今後さらに踏
みこんだものとなることが想定される．「まち・ひと・しごと創生法」は，そ
の法の目的として「少子高齢化の進展に的確に対応し，人口の減少に歯止めを
かけるとともに，東京圏への人口の過度の集中を是正し，それぞれの地域で住
みよい環境を確保して，将来にわたって活力ある日本社会を維持していくため
に，まち・ひと・しごと創生に関する施策を総合的かつ計画的に実施する」も

のとされている（同法第1条）．この法律のもとで，国には「まち・ひと・しごと創生本部」が置かれるとともに「まち・ひと・しごと創生総合戦略」が制定され，また，都道府県および市町村でも区域の実情に応じた，「まち・ひと・しごと創生」に関する施策についての基本的な計画を定めることが努力義務となっている．

　この「まち・ひと・しごと創生総合戦略」に含まれる施策の1つとして「小さな拠点の形成」がある．内閣官房・内閣府総合サイト「地方創生」によれば，人口減少や高齢化が著しい中山間地域などにおいては，一体的な日常生活圏を構成している「集落生活圏」を維持することが重要であるとしている．そして将来にわたって地域住民が暮らし続けることができるよう，① 地域住民が主体となった集落生活圏の将来像の合意形成，② 持続的な取組体制の確立（地域運営組織の形成），③ 地域の収入の確保のためのコミュニティビジネスの実施，などの取組を進めるとともに，地域に合った生活サービス機能や交通ネットワークの確保などにより「小さな拠点の形成」を推進するとある[4]．

　このうちの ① と ② については従来の各自治体が条例などで位置づけるものと大きく違いはない．しかし，③ はそうした位置づけからさらに発展させて，地域経済・雇用の担い手となることを求めているといえる．とりわけ，その役割は「コミュニティビジネス」という言葉によって規定されていることが特徴である．この「コミュニティビジネス」について次に解説しておきたい．

4-2　コミュニティビジネス

　コミュニティビジネスについて，澤山（2006）は，様々な先行研究を踏まえ次のように定義づけを行っている．それは，① 非営利活動と営利事業の中間に位置づけられており，②「コミュニティ」という言葉を冠しているとおり，地域という視点から入り，地域の課題解決を図っていくと想定されており，③ 地域の市民が担い手として想定されており，④ あくまで継続していくことを前提とした「ビジネス」であり，このため事業性が重視されておりビジネスとしてスタートさせるものとされている．したがって ⑤ 営利企業としてのスタートを否定しておらず，⑥ その事業を行う事業体の組織形態，法人格を問わない，としている．

　このような定義づけから，コミュニティビジネスにおいてはNPOだけでは

ない，すでに説明した「社会的企業」の諸組織がその対象に含まれることが理
解できる．ただし，そこでは地域の住民（市民）が担い手となり，地域課題を
解決する事業を行うものと想定されている．また，こうしたコミュニティビジ
ネスは日本における社会的企業の典型例とも考えられており（Laratta, Nakagawa,
and Sakurai 2011），そのため先述の**図 4-2** にも記載しているが，それはソーシャ
ルビジネスの一部であるとされることもある．

　ただしコミュニティビジネスが解決を想定している「地域課題」は，都市部
と農山村部では異なると考えられる．その根拠として，やや古いものになるが，
2004 年に財団法人地域活性化センターが行ったコミュニティビジネスに関す
る調査である『コミュニティビジネスとコミュニティの再生について調査研究
報告書』から参照したい（地域活性化センター 2005）．同調査によれば，町村部の
コミュニティビジネスは市部のそれに比べ，取り組んでいる事業に次のような
違いがみられたという．それは，市部は「まちづくり事業」の回答率がもっと
も高く，次いで「情報広告事業」，「福祉事業」，「人や組織への中間支援事業」
が並んでおり，いずれも 40％前後であった．一方，町村部は「まちづくり事
業」の回答率がもっとも高く，次いで「産業振興事業」が続き，いずれも
50％を超えていた．この結果などから同調査報告書では「町村部は産業振興に
対する経済需要がたいへん高いと見られる」としている．

　またこうした傾向は，同調査で事業開始のきっかけを尋ねた結果からも読み
取ることができる．それは市部では，行政サービスでは捕捉できない生活環境
の改善に対する問題意識が強かったのに対し，町村部は「地域経済の活性化」
の回答率が突出して高かった（60％以上）．さらにその取り組みの成果について
も同様の特徴がみられた．市部・町村部ともに「新たな雇用の機会が生まれ
た」，「地域に対する問題意識が深まった」，「地域活動に取り組む姿勢が強まっ
た」の回答率は一致して高かった．しかし市部では，「互いに知りあう機会が
増えた」，「親睦・交流する機会が増えた」の回答率が町村部に比べ高かった．
町村部に比べ近隣関係の希薄な市部で地域住民の交流の促進が評価されている
と同報告書では報告している．一方，町村部の結果では「身近な地域で消費活
動を行う傾向が強まった」の回答率が市部に比べ高かった．

　同報告書では，こうした調査結果を受け，「町村部では，地域経済の活性化
を目的に，地場産品の加工販売，農村生活体験などの産業振興事業やエコツー

リズムなどの観光振興事業など，地域資源を生かした地産地消や都市・農村交流を収益分野に挙げるコミュニティビジネス実践団体が多く，産業系の分野がコミュニティビジネスの主要なマーケットを形成している」としている．

第5節　今後の地域経営における NPO への期待と課題

5-1　コミュニティ・エコノミック・ディベロップメントと SDGs

　ここまで，NPO，社会的企業が地域経営において自治的役割を超えて，地域の課題を解決するコミュニティビジネスを実施することも政策的に期待されていることについて述べてきた．このような方向性を示す概念としては，「コミュニティ・エコノミック・ディベロップメント」という表現が適切に示していると考えられる．日本語にするならば，経済的地域発展，あるいは地域と経済の活性化，というような感じになるだろうか．このコミュニティ・エコノミック・ディベロップメントについては，カナダでの地域活性化を目指すNPO のネットワーク組織である「カナダ地域コミュニティ経済発展ネットワーク」による定義が参考となる．それは，「地域の人々による社会状態の改善，とりわけ最も不利な立場におかれた人々のために，経済的機会を創り出す行動」であり，「経済的，環境的，社会的な課題が相互に複雑に絡み合い，常に変化しているという認識を持ち，効果的であるために，解決策はローカルな知識に基づき，コミュニティのメンバーにより導かれなければならない」というものである[5]．

　このようなコミュニティ・エコノミック・ディベロップメントの視点に立った時，それは現在世界的に取り組まれている SDGs ともおおいに関わりがあることが理解できる．SDGs は，持続可能な開発目標（Sustainable Development Goals）の略語であるが，これは 2001 年に策定されたミレニアム開発目標（MDGs）の後継として，2015 年 9 月の国連サミットで加盟国の全会一致で採択された「持続可能な開発のための 2030 アジェンダ」に記載された 17 の目標（ゴール）と，その中に含まれる 169 のターゲットから構成される，2030 年までに持続可能でよりよい世界を目指す国際目標である．

　SDGs では，地球環境を保全しながら繁栄を促進するために，貧困層，富裕層，中所得層のすべての国が行動を起こすことを求めるものとしている（国連

ホームページより[6]）．そのときに最も重視されているのは，第 1 の目標でもある貧困問題の解決である．貧困をなくすためには，経済成長を図り，教育，健康，社会的保護，雇用機会など，様々な社会的ニーズに対応するとともに，気候変動や環境保護に取り組む戦略が必要だとしている．

　コミュニティ・エコノミック・ディベロップメントに寄与するかたちで地域経営に関わる上で，NPO や社会的企業にはどのような課題があると考えられるであろうか．則藤（2019）は，地域経営の観点の 1 つとして地域の内発的発展への注目が挙げられるとした上で，安藤・ロウ（2012）などを参考としながら，イギリスを中心とする近年の研究では，地域の内発的発展における地域外との交換や交流・連携，ネットワークの重要性に焦点が当てられているとしている．そしてそこでは，内部資源を動員すること（内発的発展）と同時に，地域に作用する外部の力（外来的発展）を処理する仲介者の能力を強化することを重視するなど，内発と外来のハイブリッドとして理論的進化がみられているとする．SDGs が目指す持続可能な発展を促すために重要なのは，必ずしもコミュニティビジネスの議論で強調されるような「地域住民が主体」であることだけではない．外部の資源を活用する能力も NPO や社会的企業に求められる．

　しかしながら，地域で困窮している人々や，あるいは地域全体が課題を抱えているところでは，そうした外部の資源に頼るためのネットワーク（＝ソーシャル・キャピタル[7]）が不足しがちである．むしろ，資源につながることができないからこそ厳しい状況に置かれているともいえる．そんなところで，もしも「住民主体」[8]が強調されるとどうなるであろうか．人々は自分たちの努力だけで地域の課題を解決しようとするだろうが，しかしながらそれは難しく，結局のところうまくいかずに終わってしまう可能性が高いと思われる．そして，その失敗した人々は，全てが自分たちの「自己責任」であると意識づけられるであろう．こうした外部の資源との適切な接続を行うことが最初から難しい当事者に「主体性」をもとめる政策を筆者は「当事者主体の罠」と呼んでいる（桜井 2021）．先述した現在政府が推進している「小さな拠点の形成」も，そうした当事者主体の罠の政策となってはいないか，厳しいチェックが必要であろう．

5-2　「当事者主体の罠」を乗り越えるために

　こうした「当事者主体の罠」に陥らないために，NPO や社会的企業が持つ

べき視点（パースペクティブ）や能力（キャパシティ）とはどのようなものであろうか．たとえば「リンキング型（連結型）ソーシャル・キャピタル」の視点と能力の重要性は，複数の論者が指摘するところである．

　リンキング型ソーシャル・キャピタルとは，資源と権力（power）を持つ階層の異なる個人・機関とのつながりを意味する．Bertotti, Harden, Renton, and Sheridan（2012）のイギリスの社会的企業が運営するコミュニティカフェについての研究では，このリンキング型ソーシャル・キャピタルを社会的企業が適切に発揮できなかったことで，そのコミュニティカフェの改築の議論などで地域住民の意見を反映できなかったと報告している．つまり，NPO や社会的企業が地域内の権力や資源から排除されがちな人々に代わって権利を擁護（アドボケイト）し，それらにつながるネットワークを提供することが，その人々の生活改善のために必要となる．

　NPO や社会的企業が持つべき視点や能力として第2に，ソーシャル・イノベーションをあげることができる．日本ではソーシャル・イノベーションとは多くの場合，ソーシャルビジネスの1つの要件である「革新性」として，社会問題を解決するための「新しいサービスや事業を開発したり，それを提供する仕組みを新たに開発すること」などと考えられてきた．しかしながら，こうした市場システムを前提とした社会の変革というのは，世界的な研究の潮流からは少数派の考え方であることが，Ayob, Teasdale, and Fagan（2016）の研究で報告されている[9]．

　Ayob らは25年間にわたるソーシャル・イノベーション関連の広範な研究について，書誌学的に分析をして重要な研究成果を複数特定し，それらについて考察している．それによれば，ソーシャル・イノベーション研究では多くの場合，社会的変化を最終的な成果としているものの，それは単なる個人の効用の高まりの合計という考え方は少数であるという．むしろ政府，市民社会，市民の間での新形態の協働と，権力関係の変化という社会的変化プロセスが伴うとする研究が多数派であるとしている．そして，そこでは多くの場合，マイノリティなど社会的に排除されている人々が力を付ける（エンパメント）ことがその成果としてあるとしている．

　こうしたソーシャル・イノベーションの研究成果に則るならば，NPO や社会的企業は単に目新しいサービスや商品を開発し提供することにその役割があ

るのではなく，地域コミュニティにおいて資源や権力を持たない人々がその生活を向上させるために，人々の立場を変化させることを政府や社会に訴え，また他の組織とネットワークを形成して協働し，地域の弱い立場の人々の生活問題を根本的に解決していく役割を果たすことが重要であることが示唆される．

お わ り に

　以上，本章では，まず NPO の説明を行い，それが近年さらに広い組織形態を指す「社会的企業」と呼ばれるものの一部を構成していることを述べた．そして，NPO や社会的企業が地域経営に関する現在の自治体の法制度において主にどのように位置づけられているか，そして，今後はどのように期待をされそうだと想定されるかについても検討した．最後に，そうした自治体の地域経営における，NPO や社会的企業の課題として「当事者主体の罠」があり，それに陥らないための視点や能力としてどのような発想が求められるかについて考察をした．いずれにしても，少子高齢化が進む日本において，NPO や社会的企業はさらに住民自治やコミュニティ・エコノミック・ディベロップメントの推進役として期待されることは間違いない．それについて今後も注視し，様々に検討することが必要となるだろう．

注
1 ）https://www.npo-homepage.go.jp/about/npo-kisochishiki/nposeido-gaiyou（2021 年 9 月 25 日閲覧）.
2 ）同上の内閣府ホームページより.
3 ）日本では従業員が組織を所有し意思決定に参加する形態を「協同労働」と呼び，2020 年 12 月にその協同労働を行う法人形態である「労働者協同組合」の設立を可能とする労働者協同組合方が成立した．労働者協同組合自体はそれまでも別の法人形態（NPO 法人など）で運営を続けてきていたが，この法制化によって今後のさらなる全国での広がりが期待される.
4 ）https://www.chisou.go.jp/sousei/about/chiisanakyoten/index.html（2021 年 9 月 26 日閲覧）.
5 ）「カナダ地域コミュニティ経済発展ネットワーク」ホームページ https://ccednet-rcdec.ca/en/what_is_ced（2021 年 9 月 26 日閲覧）.
6 ）https://www.un.org/sustainabledevelopment/（2021 年 9 月 26 日閲覧）.

7） ソーシャル・キャピタルの詳しい説明は第6章を参照のこと．

8） 「住民主体」に関しては，また別の考え方が第6章に示してある．

9） 青尾（2018）のソーシャル・イノベーション研究に関する国際比較でも，欧州・北米ではミクロ（個人・個別組織）からマクロ（国・社会）に至る多層性を持ったプロセスであるという共通理解ができているように思えるが，日本でのこれまでの研究はビジネスや技術の革新との関連が強い，個別事例（ミクロ）の研究が中心であることを指摘している．そして，日本においても欧米においても今後の研究の課題は，ミクロレベルの取り組みがマクロレベルに拡大していくプロセスについてであるとしている．

参考文献

Ayob, N., S. Teasdale and K. Fagan（2016）"How social innovation 'Came to Be': Tracing the evolution of a contested concept,"*Journal of Social Policy*, 45(4).

Bertotti, D. M., P. A. Harden, P. A. Renton and K. Sheridan（2012）"The Contribution of a Social Enterprise to the Building of SocialCapital in a Disadvantaged Urban Area of London, *Community Development Journal*, 47(2).

Defourny J. and J. L. Monzón Campos（eds.）（1992）*Economie Sociale: The Third Sector*, De Boeck（富沢賢治ほか訳『社会的経済——近未来の社会経済システム——』日本経済評論社，1995 年).

Laratta, R., S. Nakagawa and M. Sakurai（2011）"Japanese social enterprises: major contemporary issues and key challenges," *Social Enterprise Journal*, 7(1).

Nyssens, M.（2006）*Social enterprises at the crossroads of markets, public policies and civil society*, Routledge Studies in the Management of Voluntary and Non-Profit Organizations, Routledge.

Salamon, L. M., H. K. Anheier, R. List, S. Toepler, S. W. Sokolowski and Associates（1999）*Global Civil Society: Dimensions of the Nonprofit Sector*, Johns Hopkins Center for Civil Society Studies.

青尾謙（2018）「ソーシャルイノベーション理論の展開と課題——日本，欧州，北米の比較分析を中心に——」『国際日本研究』10，筑波大学大学院人文社会科学研究科国際日本研究専攻．

安藤光義・フィリップ＝ロウ編（2012）『英国農村における新たな知の地平』農林統計出版．

角瀬保雄・川口清史（1999）『非営利・協同組織の経営』ミネルヴァ書房．

川口清史（2004）「日本型 NPO と社会企業」『政策科学』11(3)，立命館大学政策科学会．

経済企画庁（2000）『国民生活白書』平成 12 年度版．

経済産業省（2008）『ソーシャルビジネス研究会報告書』．

─────（2011）『ソーシャルビジネス推進研究会 報告書：平成 22 年度地域新成長産業創出促進事業』（ソーシャルビジネス/コミュニティビジネス連携強化事業）.

地域活性化センター（2005）『コミュニティビジネスとコミュニティの再生について（調査研究報告書）』.

桜井政成（2021）『福祉 NPO・社会的企業の経済社会学──商業主義化の実証的検討──』明石書店.

澤山弘（2006）「コミュニティビジネスをどうとらえるか──ソーシャルビジネス，およびコミュニティ産業と関連付けて──」『信金中金月報』5（2），信金中央金庫.

則藤孝志（2019）「地域経営の理論と概念に関する基礎的検討」『商学論集』88(1)，福島大学経済学会.

藤井敦史・原田晃樹・大高研道編（2013）『闘う社会的企業』勁草書房.

第5章 地域経営からみた保健医療

岡 本 悦 司

は じ め に

　古典的な経営学が，個々の企業体を対象として，その経営改善を目的とするならば，地域経営学は，地域を単位として，その中にある企業体と住民の受益の効用を最大化する，という点で異なる[1]（図 5-1）.

　この地域経営という概念が，こと保健医療分野では近年きわめて重要性を帯びてきた．個々の医療機関の経営改善を目的とする学問として医療経営学，医療管理学といった分野が以前より発達してきたが，地域という観点から医療をとらえる「地域医療」という概念が近年とみに重視されるようになってきたからである.

　その理由として，第1にあげられるのは財源の問題である．保健医療分野は，他産業とは異なり社会保障制度のなかに位置づけられ，財源も公的な医療保険や医療保障制度によって賄われることが通常である．それゆえ，日本やイギリスのような医療の国営化あるいは公的化のすすんだ国ほど，地域医療を重視する傾向がある．巨額の公費を投入する以上，個々の医療機関の経営もさることながら，地域住民全体の受益を最大化しなければならないのは当然であった.
もう1つの理由は，経済学でいう「市場の失敗」が保健医療分野においては顕在化しやすかったことであろう．個々の医療機関が自由競争を繰り広げることが，地域医療全体の最適化に結びつかないといういわゆる「市場の失敗」が他産業よりも現れやすかった.

　本章では，「地域医療」の概念が，日本の医療においてどのようにして発展してきか，そして，現在ではどのような取組がなされているかを日本の医療の歴史に照らして地域経営の視座から論考する.

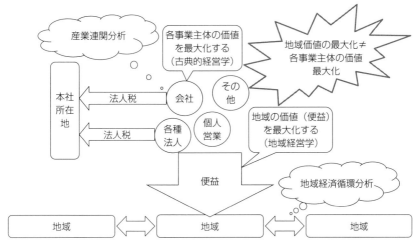

図 5-1　地域経営学と古典的経営学との違い

出典：筆者作成.

第1節　自由開業制から病床規制へ

　日本の医療は伝統的に，民間医療機関（個人立や医療法人）主体で提供されて
きた．それゆえ，医療機関同士は経営的には，患者という顧客を奪いあうライ
バル関係にある．そして，日本の医療においては「自由開業制」が長く国是と
して堅持されてきた．医療機関は医療法によって規制されるが，現行医療法で
は病院の開設には都道府県知事の許可が必要であるものの，医師が診療所を開
設する場合は届出のみでよく，許可は不要である．制度的には医師は全国どこ
でも診療所を開設することが可能であり，これをもって自由開業制の象徴とみ
なされてきた．
　病院については許可が必要であるが，1948 年に医療法が制定されてから長
く病院開設の許可も，人員や設備が基準を満たしているかなどの形式的な審査
にとどまり，どの地域にどのような病院を開設するかといった計画行政的な発
想は欠けていた．いわば，日本の医療制度は，1985 年の医療法改正までは無
計画に自由放任主義で行われていたといっても過言ではない[2]．無計画で自由放
任であればこそ，一代にして巨大な病院チェーンのオーナーになるといった

ジャパニーズドリームも可能だったのであるが，その副作用も大きく，医療機関の著しい偏在をまねいてしまった．

1-1　医療計画

　無計画，自由放任だった日本の医療の流れを大きく変えたのが1985年の医療法改正（施行は翌86年）である．1948年に制定された医療法が抜本改正されたのは，実に37年ぶりであった．その改正の目玉が医療計画の導入である．

　全国の都道府県を二次医療圏に線引きし，病床過剰圏においては病院の新増設は認めないという抑制的なものであった．その背景には，高度経済成長を背景に都市部においては病院の新増設が相次ぎ，野放図な新増設を放置すると医療費の無駄な膨張を招くという危機感があった．

　自由放任だった日本の医療制度に，何らかの計画，規制が導入された影響は大きかった．それまで野放図に拡大してきた日本の医療に対して，当時の厚生省が示した大胆な政策提言として「国民医療総合対策本部中間報告」があげられる（1987年6月公表．以下，中間報告[3]）．その提言の中で注目されたのが病院への「入退院判定委員会の設置」であった．当時は，要介護高齢者施設が十分普及しておらず，病院が要介護高齢者の入所施設化（いわゆる老人病院化）する弊害がみられた．

　介護保険制度もまだなく，不足しがちな特別養護老人ホームなどは自治体の「措置制度（公費を財源とし，所得制限などを加えながら自治体が入所すべき施設を決定する）」により入所するのが普通であった．平均的なサラリーマン程度の所得のある人は措置制度の対象外となるので，いきおい，多くの要介護高齢者は，医師の指示だけで無制限に入院できる老人病院に集中することとなった．これらは「社会的入院[4]」と呼ばれ，日本の病院の平均在院日数が国際的にも突出する原因となっていた．病院経営の面からも，ほとんど医療を必要としない患者を多数抱えることは病床を確実に埋めるメリットもあった．

1-2　老人病院と社会的入院

　しかしながら，病院はあくまで急性期医療を提供する施設であって，慢性期のリハビリテーションや長期的な介護を提供する施設ではない．病院のベッドを慢性期リハビリテーションや長期介護を必要とする患者が占有することは，

医療経済的にも非効率であるのみならず，何より患者自身にとってベストな医療が施されることにはならない．たとえば，病院には看護師の人員基準が医療法により定められているが，生活上の介護を行う介護職員数については基準がない．そこで，介護職員を一定数確保することを条件に看護師の人員基準を特例として緩める「特例許可老人病院」が1983年から導入された．しかし，抜本的な解決にはならなかった．

　全ての病院には，レントゲン室などの設備が必置とされるが，リハビリテーション設備や理学療法士などの専門職の配置は必須ではない．たとえば脳卒中の場合，急性期を回復した直後からの早期リハビリテーションの開始が機能回復に有効であることが今日では常識になっている．だが，もし患者が運悪くリハビリテーションの整っていない病院に入院すると，早期訓練を受ければ回復したであろう機能さえ回復しなくなるといった不幸にみまわれることとなる．むろん，そのような場合は，リハビリテーション施設を持たない病院の医師は，施設の整った他院への転院を調整すべきだが，当時は「地域全体の医療の効用を最大化する」地域経営的な発想は乏しかった．中間報告も，地域医療連携といった発想は当時まだなく，入院する必要のない状態であるにもかかわらず，「ベッドを埋めるため」だけの長期入院患者の退院をいかに促進させるかということしか念頭になかった．現在では，多くの急性期病院が地域医療連携室や退院調整部門を有するようになっているが，1987年当時は，各病院に入退院判定委員会を設置するという提案だけでも十分画期的だと注目された．

1-3　老人保健施設の制度化と「複合体」

　老人病院におけるいわゆる「社会的入院」に対する対策として，1986年に「中間施設」と呼ばれる老人保健施設が制度化された．中間施設とは，家庭と病院との「中間」という意味であり，設置主体も特別養護老人ホームなどの福祉施設は社会福祉法人に限定されていたのに対して，老人保健施設は医療法人でも社会福祉法人でも設置できる，つまり医療と福祉の「中間」施設でもあった．医療計画によって，主に都市部では病院病床の新増設が制限されるようになったため，医療法人は競って老人保健施設を開設した．こうして昭和末期から平成にかけての時期に，来るべき高齢社会に対する備えが少なくとも量的には拡大した．なお，老人保健施設は，施設基準としてリハビリテーション機能

が必須とされ，病院と家庭との中間的な機能を果たすという趣旨から，入所施設としてだけでなく，デイケアや訪問リハビリテーションといった在宅ケアの支援機能も充実している．

　医療経済学者の二木は，医療法人が，特別養護老人ホームや老人保健施設を開設して経営を「多角化」し，保健・医療・福祉複合体を形成しつつある現象を 1996〜1998 年にわたる全国調査で実証している（二木 1998）．二木は，こうした複合体について，経済的効果や患者の利便性の向上といったプラス面を認めつつも，以下の 4 つのマイナス面をあげている．すなわち，① 地域独占，②「福祉の医療化」による福祉本来の発展の阻害，③ クリームスキミング（うまみのある部分だけをすくいとること）による利潤極大化，④ 中央・地方政治家・行政との癒着，である．④ は論外として，地域経営学の視点から看過できないのは ① と ③ で，地域において，最もうまみのある（利ざやの大きい）顧客や業務だけを独占し，経営主体の利潤を最大化するという弊害である．

　これは古典的な経営学の視点からは成功といえるかもしれないが，地域（住民も経営体も合わせての）の効用（利益だけでなく，医療や福祉サービスも含む）を最大化することを目標とする地域経営学には到底受け入れられない弊害である．

　二木は「複合体は 1990 年前後に初めて登場し，その後急成長し続けている．しかも，2000 年度に創設される介護保険が私的病院・診療所の『複合体』化の流れを加速することは確実」と警鐘を鳴らした．二木の警鐘の後に，地域医療連携，地域医療構想，そして介護保険制度における地域包括ケアといった地域経営学的な視点にたった改革が次々に導入された背景として，「複合体」の急成長とそれに伴う弊害があったと考えられなくもない．

1-4　二次医療圏による「地域」概念の導入

　医療計画は 1988 年に導入され，その直後の 1990 年にはバブル景気もあって病院数は一時的に 1 万の大台にのった．しかし，その後は減少し，2018 年現在では病院数は 8372，病床数は 164 万床で横ばいとなっている．病床の野放図な増加を抑制する，という目標は達成されたことがわかる．

　もう 1 つ，医療計画によって導入された新しい概念として，「医療圏」という概念がある．医療圏（catchment area）とは「あるレベルの医療が確保される地域」を意味する．医療圏は一般に一次，二次そして三次と三段階に分けられ，

それぞれおおむね，一次医療（基本的な医療…診療所レベル），二次医療（急性期入院医療…一般病院レベル）そして三次医療（高度医療，専門医療…大学病院レベル）をになう．地理的には，一次医療圏は市町村，三次医療圏は都道府県単位とされる（北海道と長野県だけは例外的に県内が複数の三次医療圏に分割されている）．

　重要な線引きは，二次医療圏である．その理由は，精神病床は三次医療圏単位に規制されるのに対して，一般病床は二次医療圏単位に規制されるからである．しかしながら，後述の地域医療連携や地域医療構想も，二次医療圏単位で策定することを原則としていることもあって，二次医療圏という地域割は重要性が増している．二次医療圏は「地理的条件等の自然的条件及び日常生活の需要の充足状況，交通事情等の社会的条件を考慮して，一体の区域として病院における入院に係る医療を提供する体制の確保を図ることが相当であると認められるものを単位として設定」（医療法施行規則第30条の29第1項）と規定されている．全国には335圏あり，単純な医療圏当たり人口は約37万人となるが，大都市圏をのぞけば概ね人口20万人くらいが標準的である．このように二次医療圏は，地域医療の重要な区域単位となっているため，単に「医療圏」といえば二次医療圏を指すほどにまで普及するようになった．

　なお，二次医療圏を直接管轄する行政機関はないが，全国に469ヶ所ある保健所の管轄区域が二次医療圏と重なるところは多い．保健所は本来は公衆衛生の実施機関であるが，地域医療連携や地域医療構想といった地域医療の調整機関としての機能が重視されるようになってきている[5]．

第2節　医療構造改革

　このように，1985年に第一次医療法改正で導入された医療計画は，病床規制的な色彩が強く，地域経営的な視点は乏しいものであった．医療計画に地域経営的な戦略的視点が導入されたのは，さらにずっと後の2006年改正においてであった．当時の小泉政権下で行われた改革は，医療法の改正だけでなく，後期高齢者医療制度の創設，特定健診（いわゆるメタボ健診）導入といった大規模なものであり「医療構造改革」と呼ばれている．医療関連統計も2008年からその内容が一変したものが少なくない．関係者にとって2008年はまさに改革「元年」となった．

2-1 地域医療連携の導入

　医療構造改革の一環である医療法改正により，医療計画に地域医療連携が導入された．これは，それまで規制計画でしかなかった医療計画が地域経営的な戦略計画になったという点で意義が大きい．改正された医療法には，医療計画に定める地域医療連携の対象として「4疾病5事業」が明記された．具体的には4疾病とは「がん，脳卒中，心筋梗塞，糖尿病」，5事業とは「救急，災害，周産期，僻地そして小児医療」を指す．むろん，都道府県知事はこれら以外の疾患や事業を計画に追加することもできる．たとえば，静岡県は4疾病に精神疾患を当初より入れており，その後2012年より全国の医療計画に拡大して現在では5疾患5事業となっている．

　これら4疾患と5事業については，医療の専門化と医療機関間の機能分化が進んだ現代においては，個々の医療機関で完結することは困難であり，地域の複数医療機関間の連携が，その地域全体の医療の効用（治療成績や患者の満足度，そして医療費負担を総体としたもの）を最大化させることにつながる．医療機関間の連携は，以前から存在していたが，たとえばA病院とB病院はC大学の系列といったふうに「系列」のつながりだったり，医師個人同士の先輩後輩関係や同じ医局同士といった「人脈」のつながりが中心であった．そこには地域経営という戦略的な発想はなく，制度化された地域医療連携は2006年の医療構造改革で初めて導入されたといってよい．

2-2 脳卒中地域医療連携パスの例

　まず最初に，4疾病の中でも，医療機関間そして医療と福祉の連携が重要となる脳卒中（脳血管疾患）を例に説明してみよう（図5-2）．脳卒中の発症は多くが突然かつ急激である．当然ながら初期対応は救急医療となる．搬送先のトリアージ（患者振り分け）が次に重要であり，その理由は，特に脳出血やくも膜下出血においては緊急開頭手術が必要となるケースが多いからである．それでも，脳出血やくも膜下出血では，発症が急激かつ重篤なため，早期に死亡するリスクも高い．一般に脳卒中は，脳出血やくも膜下出血といった出血性疾患と，脳梗塞のような虚血性疾患の総称である．しかしながら，両者はしくみも治療法も全く異なるため，早期の診断と治療開始が救命率を大きく左右する．前述のように出血性疾患では，緊急の脳外科手術が必要となるが，虚血性疾患では，

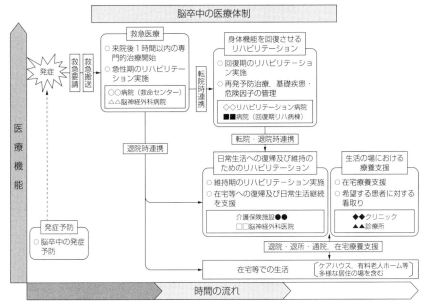

図 5-2　脳卒中の地域医療連携の概念

出典：https://www.mhlw.go.jp/stf/shingi/2r9852000000zc42-att/2r9852000000zc7o.pdf
　　　（2021 年 10 月 28 日閲覧）.

迅速な血栓溶解剤の投与といった内科的治療が中心となる．いずれの場合も，迅速なトリアージが重要である．血栓溶解剤は，脳梗塞には有効でも脳出血には禁忌である．また，血栓溶解剤は発症直後に投与しなければ有効でない．出血か梗塞かの鑑別は，かつては困難だったが，現在では CT や MRI といった画像診断の普及により容易になった．こうした高額の画像診断機器の日本の普及率は国際的にも高く，二次医療圏ごとの中核病院ならば，ほぼ例外なく保有している．

　脳卒中の急性期死亡率は高く，「入院後 30 日以内死亡率」は，OECD が推奨する国際比較可能な急性期医療の質指標としても用いられている（OECD 2011）．それでも，CT，MRI などの画像診断の普及や血栓溶解療法などにより急性期の救命率は向上している．急性期に救命されたら，リハビリテーション（機能回復訓練）を早期に開始することが社会復帰のために重要とされる（急性期リハビリテーション）．リハビリテーションはさらに，回復期，維持期とつながれ，

可能な限り在宅復帰を目指すこととなる．急性期病院から回復期あるいは維持期のリハビリテーション機能を担う医療機関への転退院をスムーズにすすめる上で「脳卒中の場合は，入院後〇～〇日をメドに，以下の医療機関に転院する」といった工程表を予め作成して，患者と関係医療機関と共有しておくことが有効である．

2-3　院内クリニカルパス

　古典的な経営学と地域経営学との違いを理解するための地域医療分野における好例として，医療連携とクリニカルパス（clinical pathways, 診療計画）をとりあげる．

　クリニカルパスとまぎらわしいものにクリティカルパスがあるので最初に整理する．英語の clinical と critical とは全く別の語であり発音も異なる．医療用語はあくまでもクリニカルであってクリティカルではない．しかしながら，現在医療用語として使われるクリニカルパスの「元祖」はクリティカルパスであった．

　クリティカルパス法（critical path method, CPM）とは，経営管理用語で「工程表」あるいは「標準業務手順書（SOP, standard operational procedure）」を意味する品質管理の手法である．本来は，工場などで品質のそろった製品を作るためにこの手順を守れ，という手法として用いられてきた．

　そうしたモノ作りの方法が医療現場に持ち込まれることになったのは，1983 年にアメリカで，メディケア（老人医療）の入院医療費支払方式に DRG（diagnosis-related-group, 診断群分類）が導入されたことがきっかけである．それまでの病院は，患者が 10 日入院したら 10 日分，20 日入院したら 20 日分の報酬を受け取る，いわゆる「出来高払い」で支払われてきた．DRG は，そうした支払法を一変させ，たとえば心筋梗塞で入院したら何十万円というふうに，診断に応じた定額が支払われることとなった．支払われる報酬は定額なので，入院が長引けば長引くほど病院にとって損失となる．

　DRG 導入はアメリカの病院経営に革命的な影響を及ぼした．病院はいかに医療の質を落とすことなく，早く治して退院させるかが課題となった．その課題に答えたのがボストンの病院のカレン・ザンガーという看護師だった．彼女は，それまで工場などで用いられていたクリティカルパス法を病院に持ち込ん

だ．たとえば脳卒中であれば，入院後〇日までは集中治療，そして△日目から
はリハビリテーション，というふうにすれば治療効果が最大となり退院も早め
られる．そういった疾患別の「工程表」を導入したのである．
　ザンガーは訪日した際，入院医療にクリティカルパス法を導入した背景を以
下のように説明している．

　　「パスがアメリカで注目されたきっかけは，DRG/PPS（診断群別支払い方式）
　　の導入に伴い，病院の課題として医療費の削減が求められたことにありま
　　す．在院日数の短縮が図られましたが，あまりに早く退院させられること
　　で，アウトカム（期待される成果；退院に向けた設定目標）が達成できないので
　　はないかという危惧がありました．それゆえに，同時にケアの質も向上
　　させなくてはなりませんでした．それはすなわち病院としての評価につ
　　ながります．特に JCAHO（Joint Commission on Accreditation of Healthcare
　　Organization：医療施設認定委員会．日本の場合，「日本医療機能評価機構」にあたる）
　　の査定では，ケアの質の向上をデータで示すことが求められていますから，
　　それも同時に達成しなくてはいけません[7]」

　ザンガーが導入したクリティカルパス法は，全米の病院にまたたく間に普及
した．さらに，医療費の高騰に悩む世界各国がアメリカの DRG のような定額
払い制を次々に導入しだすと，クリティカルパス法も各国に普及してゆくこと
となる．むろん，医療界には抵抗もあった（というより定額払い制そのものがほと
んどの国で医療界からの反発があった）．モノ作りのためのクリティカルパス法を人
間に導入するなんてヒトをモノ扱いしているという批判もあった．批判はさら
に名称にもむけられた．クリティカルとは医学用語で「重篤」あるいは「重
体」という意味になることも縁起が悪いとされた．そうしたことに配慮してか，
クリティカルパスではなくクリニカルパスという名称が現在では使われている．

2-4　地域連携クリニカルパス
　こうして導入されたクリニカルパスは，現在では院内クリニカルパスと呼ば
れている．院内とは，これとは別に院外クリニカルパスもあることを示してい
る．院外クリニカルパスとは，地域連携クリニカルパスと呼ばれるものである
（日本では制度的に「地域連携診療計画」と呼ぶ）．たとえば脳卒中で入院した患者が

初期の集中治療で救命されたとする．急性期の後には，失われた機能を回復す
るためにリハビリテーション（機能回復訓練）を早期に開始することが有効であ
る．むろん入院した病院が集中治療室もリハビリテーション施設も全て有して
いれば問題ない．しかしながら，病院によってはリハビリテーション体制がな
いところもある．そのような場合は，近隣のリハビリテーション施設の整った
病院に転院させるべきだが，古典的な医療経営の立場からすると，病院にとっ
ては貴重な患者をライバル機関に奪われるという形になってしまう．

　かつては，速やかに適正なリハビリテーションを受ければかなり回復が期待
される患者が放置されて，拘縮や廃用性萎縮に陥ることがしばしばあった．そ
こで，診療報酬上で，地域連携加算が導入され，予め近隣の病院と，たとえば
脳卒中患者は急性期を脱したらそちらで受け入れてもらうといった取り決め
（地域連携診療計画）をすることが推奨されるようになった．これは，脳卒中と
か大腿骨頸部骨折といった疾患別に作成されるので疾患別地域連携クリニカル
パスとも呼ばれる．診療報酬上は 2006 年に大腿骨頸部骨折について，2008 年
には脳卒中について，それぞれ地域連携加算が導入され，普及していった（図
5-3）．

　院内クリニカルパスと地域連携クリニカルパスは，個々の医療機関の経営を
改善する古典的な医療経営学と，地域全体の医療効用を最大化する地域医療経
営学と呼ぶべきものの，それぞれ代表例といえる．院内クリニカルパスは，支
払方法の変革という環境変化に対して個々の病院が経営を改善するため導入さ
れたが，地域連携クリニカルパスは，個々の病院ではなく地域全体の医療機関
の医療効用を最大化することを目標として導入された．そしてその普及を促進
したのは，診療報酬による誘導という日本の保険診療の有利な条件があったと
いえる．

　疾患別地域連携クリニカルパスの導入は，小泉政権下で導入された 2006 年
医療制度改革の目玉であった（辻 2008）．以前の医療法は，全ての医療が 1 つ
の医療機関内で完結することが建前であったが，高度化専門化する現代医療に
おいて 1 つの医療機関が高度急性期から回復期までの全ての医療を提供するこ
とは土台不可能であり，医療機関間の地域的な連携が不可欠となる．そうした
地域連携は，一部地域の医師会や先駆的な医師らによるボランティア活動とし
て実践されてきた（平井 2004）．2006 年医療制度改革は，こうした疾患別地域

様式12の2　　GG0A9B08

地域連携診療計画書(大腿骨頸部骨折地域連携パス)

患者さまご家族さまへ　※1　病名等は、現時点で考えられるものであり、今後検査等を進めていくにしたがって変わり得るものです。
※2　入院期間については現時点で予想されるものです。
※3　退院時に患者さまに交付いたします。転院先医療機関にご提出ください。

(患者氏名兼同意欄)：　　　　様　(家族氏名兼同意欄)：　　　　様

患者様ID：
患者様氏名：
説明日：　年　月　日(初回パス説明日直接記入)
※該当項目に○をつけること。
病名：右・左 大腿骨(頸部・転子部・転子下)骨折
手術名：人工骨頭術・骨接合術・骨頭切除術

	急性期(大崎市民病院)					回復期　(医療機関名：　　病院)				維持期
日時(手術日・退院日など)	入院日〜(手術前日) / 〜	手術日 /	術後1日目〜 / 〜	術後7日目〜 / 〜	転院日 /	転院日 / 〜	〜転院後2週目 〜 /	〜転院後4週目 〜 /	〜退院日 〜 /	退院後 / 〜
経過(日または週・月単位)目安	1日目〜			目安：入院から8日〜14日程度		1日目〜	〜 14日目	〜 28日目	〜 日目	
達成目標	不安なく手術前検査を受けることができる。 体調を整え手術に臨むことができる。	不安なく手術を受けることができる。	患者様の状態や、痛みの状態に応じてリハビリを開始することができる。		(転院基準) 術後の回復期リハビリが可能な状態になる。	最終目標、リハビリ計画の設定をする。	最終目標やリハビリ計画への中間評価をする。		(退院基準) 在宅(施設)生活が可能な状態になる。	痛みがほとんどなく生活できる。 転倒を予防できる。 骨粗しょう症の管理を行う。
治療 薬剤 (点滴・内服)	内科的合併症の精査加療をします。 内服薬を確認します。 ※中止する薬もあります。	点滴開始します。 基本は全身麻酔です。 ※輸血を行うこともあります。	状態に合わせ内服薬を服用します。			内服薬を確認します。 必要に応じて薬剤等処方します。				必要に応じてかかりつけ医に相談・受診してください。
処置	必要時、患肢牽引を行います。		創処置を術後2日目に行います。	術後7日目頃に抜糸または抜鈎します。 ※転院先で行う場合もあります。		創処置(必要に応じて)をします。				必要時、処置します。
検査	採血、心電図、X線検査等をします。	術後にX線検査をします。	必要時、採血をします。			必要に応じて採血及びX線検査をします。				必要時、検査します。
安静度・リハビリ(OT・PTの指導を含む)	骨折していない方の足や腕を動かしましょう。		退院に向けてリハビリを行います。 リハビリのために履きなれた靴を準備してください。			リハビリ計画に沿って行います。 なお、回復程度に応じて計画が変更となる場合があります。				状態に応じて、介護保険サービス等を活用しましょう。
食事(栄養士の指導も含む)	ご希望の方にはオニギリやお粥等にメニューの変更ができます。 ※手術前後は絶飲食となります。主治医から許可後に、食事を召し上がれます。					普通食が基本ですが、合併症により特別食に変更となる場合があります。				バランスのよい食事を心がけましょう。
清潔	医師の指示により入浴できない場合は身体を拭きます。		入浴が可能になるまで身体を拭きます。術後1週間頃から入浴可能です。			状態に応じた入浴となります。				入浴等で清潔を保ちましょう。
排泄	尿：必要に応じて尿道に管を入れます。 便：基本的にはベッド上になります。		車イスに移乗できれば、トイレに行きます。			歩行能力に応じてトイレへ行きましょう。				歩行能力に応じてトイレへ行きましょう。
患者様及びご家族への説明	病状・手術・入院生活の説明をします。 特別な栄養管理の必要性　有・無 主治医：　㊞ 看護師：	手術中は病室でお待ち下さい。 手術後、医師より説明があります。	ご家族の方と転院先を相談して看護師にお知らせ下さい。日程が決まり次第、連絡します。 医師から，転院リハビリ後の回復の見込みをご説明いたします。			医師より退院時に予想される日常生活動作を説明します。 介護保険制度等について説明をします。	随時、検査結果等について説明をします。	御家族の方とともに退院日について相談を行います。 また、退院後の在宅サービスについて相談を行います。		かかりつけ医にご相談ください。
	お困りの際やご不明なところは遠慮なく主治医または看護師へおたずね下さい。					お困りの際やご不明なところは遠慮なく主治医または看護師へおたずね下さい。				

医師説明

【手術後の説明内容】
平均的なリハビリの流れは下記の通りで，ステップ1からステップ6へ徐々に進めていきますが，入院前の歩行や移動などの身体状況や，患者さまの認知症状(安静の指示の厳守，リハビリの指示に対する理解など)，手術の方法，その他の合併症により，個人差が認められます。

【転院先を退院する時の，患者様の予測される状態】
手術をしない場合はステップ1のままでしたが，今回手術を行いましたので，今後は
ステップの　□1　□2　□3　□4　□5　□6　が予測されます。
一般的にこの疾患は入院前の歩行や移動のレベルから1〜2段階ほど低下すると言われています。
転院後に担当医の先生からの説明をよく聴き，リハビリの様子をみていきましょう。
尚，本日説明した内容は，あくまでも現時点で予測されるものであり，今後変わることもあります。
説明日：令和　年　月　日　説明医師名：

【最終目標・リハビリ計画の設定】　※転院日に説明します。
※リハビリの様子をみてから，退院目標やリハビリ目標を立てる場合もあります。
ステップの　□1　□2　□3　□4　□5　□6　を目標としていきましょう。
(自宅・自宅以外)への退院を目指し　　ヶ月程度の入院リハビリをし，
リハビリの様子をみながら，退院後の生活を考えていきましょう。
途中，設定した目標の評価・見直しをしていきましょう。
説明日：令和　年　月　日　説明医師名：
患者又は家族同意欄：　　様　(続柄：本人・夫・妻・その他　　)

【退院する時の，患者様の予測される状態】　(　月　日　評価・見直しの結果)
※入院中に医師，看護師，リハビリスタッフ，医療福祉相談員等が説明します。
ステップの　□1　□2　□3　□4　□5　□6　までの回復が見込まれます。
退院予定日：　月　日頃　退院後のかかりつけ医(　　)

【外来通院医療機関】
- □ 大崎西整形外科(古川)
- □ 塩沢整形外科クリニック(古川)
- □ 高橋記念せきや整形外科(古川)
- □ 東北整形外科大崎(鹿島台)
- □ さとう公整形外科(中新田)
- □ 中新田民主医院(中新田)
- □ わくや整形外科(涌谷)
- □ 高城利江整形外科(小牛田)
- □ その他(　　)

平均的なリハビリの流れ	ステップ1 (ベッド上：全介助レベル)	ステップ2 (ベッド上：動作レベル)	ステップ3 (車椅子レベル)	ステップ4 (歩行：平行棒内、歩行器レベル)	ステップ5 (歩行：杖歩行レベル)	ステップ6 (応用動作レベル)

令和1年5月1日【第7版】

図 5-3　疾患別地域連携クリニカルパス（大崎市民病院の大腿骨頸部骨折の例）

出典：https://www.h-osaki.jp/wp/wp-content/uploads/2014/08/大腿骨診療計画書【患者用】.pdf（2021 年 10 月 28 日閲覧）.

医療連携クリニカルパスを国策にとりこみ，医療法に基づく医療計画の中に明確に位置づけた点で特筆されよう（武藤 2010）．

第 3 節　地域医療構想

　日本が世界で最も高齢化の進んだ国であることは今さら言うまでもないが，国内の地域偏在をみれば，国全体の数値だけでは見えない問題も浮かび上がってくる．日本の人口ピラミッドを一瞥すれば明らかなように，戦後の 1947〜1949 年出生者が突出していわゆる「団塊世代」を形成しており，これら世代が高齢化の中心となってゆく．これら世代の全員が後期高齢者（75 歳以上）に達するのが 2025 年であり，75 歳以上人口割合はそれまでは急増するが，それ以降は横ばいとなる（2025 年問題）．そしてこれら世代の地域分布をみると，高度成長期に地方から都市への人口移動により，今後の高齢化は地方ではなく都市部に集中するという地域問題がうかびあがる．

　地方の高齢化が緩和され，逆に都市部の高齢化が深刻になったとしても，地方の病院などの医療施設（これは介護施設でも同様）を都市部に移転させるわけにはいかない．また病床も，慢性期医療を目的とする「療養病床」が一般病床とは異なる区分として医療法に規定されているが，一般病床の中でも，高度急性期，急性期そして回復期（亜急性期ともいう）といった機能区分がある．ただ，これら一般病床内の区分は医療法に基づく区分ではなく，診療報酬上の漠然とした区分にすぎない．病床の機能区分を表す診療報酬上の区分として看護職員の配置数がある．たとえば患者 7 人に対して看護職員 1 人が配置されていれば最も高い看護料が支払われ（7 対 1 看護），これは概ね高度急性期病床に相当する，とされる．逆に最も低い 15 対 1 看護はほぼ療養病床に近い機能と考えられる．

　多くの病院は，より高い報酬を求めて，看護職員数を多数配置したため，2010 年ごろの看護職員配置別の病床数は「ワイングラス」とさえ形容される頭でっかちな形になってしまっていた（図 5-4）．しかしながら，高齢化で需要が増えるのは高度急性期ではなく回復期や慢性期の病床である．ワイングラス状の 2010 年の病床の機能別分布を「メタボ型」に変えることが，医療需要に応えるためにも，また医療経済的にも望ましい．では，どうやって変えるのか？

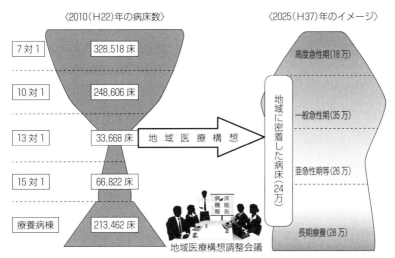

図 5-4　地域医療構想が目標とする病床再編

出典：下記サイトの図表を著者により一部改変.
https://www.mhlw.go.jp/file/04-Houdouhappyou-10904750-Kenkoukyoku-Gantaisak
ukenkouzoushinka/0000094397.pdf（2021 年 10 月 21 日閲覧）.

3-1　策定ガイドライン

　都道府県は病院の新増設の許可を与える権限はあっても，それぞれの病院の機能をどのように変えろ，と命令する権限まではない．病床過剰地域では新増設を認めない，という規制計画的な医療計画のままでは，いわゆる 2025 年問題に対応しきれないことは明らかである．現行制度の下では，高度急性期や急性期病床を有する医療機関が自発的に病床を転換してゆくよう誘導するしかない．そこで 2014 年 6 月の医療介護総合確保推進法の一環としての医療法改正により，都道府県が策定する医療計画の項目として「地域医療構想（構想をビジョンと言い換えて地域医療ビジョンという呼称も用いられる）[8]」が追加された．その内容は，まず構想区域（二次医療圏を原則とするが必ずしも同一である必要はない）を定め，その区域ごとに 2025 年の医療需要や病床必要量を，高度急性期，急性期，回復期そして慢性期の 4 区分ごとに必要量を推計し，その必要量を実現するための施策を定める，というものである．

　都道府県が地域医療構想を策定する上で参照できるよう，厚生労働省は「地域医療構想策定ガイドライン[9]」を 2015 年 3 月に示している．その中で明確に

記載されたわけではないが、地域医療構想は、医療計画の中に地域経営学的な視点を持ち込んだものとして特筆される。なぜなら、まず構想区域（≒二次医療圏）を線引きし、その地域内において、医療需要を満たす医療供給の最適化を図る（裏返すと個々の医療機関にとっては必ずしも最適ではなくなる可能性がある）、という古典的経営学（個々の経営体の利潤や効率を最大化する）とは異なる地域経営学（経営体も住民も含む地域全体の効用を最大化する）の特質が現れているからである。

　行政に強制を伴う命令権がないにもかかわらず、地域全体の医療の効用を最大化するにはどうすればよいのか？　個々の医療機関はむろん独立した医療法人などの経営体であり、それぞれの法人は古典的な経営学の論理で動いている。自らの法人の利益につながる構想なら喜んで協力するだろうが、そうでなければ医療機関が自主的に構想に協力するとは考えられない。

　そこで効果は未知数ながら、地域医療構想にはそれを実現するための2つのツールが同時導入された。1つは地域医療構想調整会議、もう1つは病床機能報告である。

3-2　地域医療構想調整会議と病床機能報告

　地域医療構想調整会議（以下、調整会議）とは、都道府県が構想区域（≒二次医療圏）ごとに設置し、区域内の関係医療機関の代表者を構成員として、以下のような事項を協議することが法定（医療法第30条の14）されている。

　　① 地域の病院・有床診療所が担うべき病床機能に関する協議
　　② 病床機能報告制度による情報の共有
　　③ 都道府県計画に盛り込む事業に関する協議
　　④ その他の地域医療構想の達成の推進に関する協議

　つまり、調整会議は議論のための議論ではなく、データに基づいて利害関係者同士が、地域にとってより望ましい医療連携のあり方を理解すれば、利害関係者も自ずと合理的な判断をしてくれるだろうといういささか楽観的な発想である。特筆されるのは、調整会議で使うことを目的に、新たな病院データの収集システムとして病床機能報告が創設された点である。病院情報については以前より、医療施設調査のような統計調査が実施されてきた。しかし、こうした統計調査は、具体的な医療機関の名称など決して出さない。あくまでも匿名化された統計情報にすぎない。病床機能報告は、統計法に基づく統計調査ではな

く，○○病院というふうに固有名詞を出してデータが公表されるという点でも
画期的といえる．

3-3　PDCA サイクル

　調整会議は常設機関であり，病床機能報告も毎年実施される．利害関係者が
毎年のデータを評価し，経営判断を修正してゆく過程は，「PDCA（plan-do-check-
action）サイクル」と呼ばれる．ガイドラインは「このような PDCA サイクル
を推進するのは直接的には都道府県職員であり，データなどを有効に活用し，
現状分析や課題把握，進捗管理を適切に行うためには，都道府県の医療計画策
定担当者が研修等を通じて専門的知識や技術を習得する必要がある」としてい
る．調整会議を取り仕切る都道府県職員とは具体的には保健所職員であり，保
健所は公衆衛生の機関としてだけでなく，地域医療構想の推進機関としての役
割も大きくなっていくであろう．

　このように，個々の医療機関の経営を最適化するのではなく，医療圏という
地域における医療の効用を最適化するという点で，地域医療構想は古典的な医
療経営学ではなく，地域経営学の医療版といえる．当然ながら「地域における
医療の効用」を表す指標が必要となる．筆者は，国立保健医療科学院（都道府
県や自治体職員を対象とする厚生労働省の研修機関）で，地域医療連携や地域医療構
想の研修を担当していた．当然ながら，地域医療の効用を測定する指標は，重
要項目である．その数は膨大だが，脳卒中を例にとると，脳血管疾患による年
齢調整死亡率，脳梗塞に対する t-PA による脳血栓溶解療法の件数，くも膜下
出血に対する脳動脈瘤クリッピング術の件数などがある．これらの指標は病床
機能報告で把握され，地域医療の成果指標として用いることができる．

　このように，保健医療分野においては，個々の医療機関ではなく，医療圏と
いう地域全体の医療の質を向上させる，という地域経営学的視点がより重視さ
れていくであろう．

3-4　地域医療連携推進法人

　地域医療連携にせよ，地域医療構想にせよ，医療圏内の複数の医療機関（相
互に競争する経営主体）が独立したままでの「連携」である点に限界はある．医
療機関間の連携を究極まで推進するとしたら，圏内の全ての医療機関が合併し

てしまうことが理想ということになる．それは現実には不可能としても，複数の医療機関が１つの社団法人に加入して連合体をつくれば，病床再編も容易になるだろう．個人開業医の多くは医師会という社団法人に加入しており，共同仕入れ，地域医療情報ネットワーク，看護学校の運営などを共同で担っているところは多い．

　それを一歩進めて，地域医療の連合体的な法人として「地域医療連携推進法人」が 2015 年の医療法改正で制度化された．複数の医療機関や医療法人の合併とまではゆかないが「地域における医療機関相互間の機能の分担及び業務の連携を推進するため」社団法人を設立し，それを都道府県知事が地域医療連携推進法人として認定する，というしくみである．全国でこれまでに 20 法人が認定を受けている．

　地域医療連携推進法人は，もし医療圏内の全医療機関が加入すれば，地域経営学的な視点からは理想の形態になるかもしれない．しかしながら，これまでに設立された 20 法人についてはそのような例はない．たとえば大阪府の「泉州北部メディカルネットワーク」の場合[10]，加盟しているのは泉大津市立病院と民間の府中病院の２病院にすぎない．医療圏内の一部の医療機関しか加入していない地域医療連携推進法人は，前述の二木が警鐘を発した「複合体」と同じ弊害が生じるおそれがある．公民の２病院のみが地域医療連携推進法人を設立すれば，２病院間の機能や役割の重複をはぶき効率化がはかられるであろうが，それが医療圏全体の向上につながるかは未知数である．

　とはいえ，公民をこえた複数医療機関の連合体が制度化された意義は大きく，たとえばある医療圏の調整会議で「この医療圏で病床再編が必要なのはＡ，Ｂ，Ｃの３病院のみ」という結論になったのなら，これら３病院だけでも連合体を形成すれば，バラバラなままで協議を進めるより，病床再編のような利害対立が生じやすい政策を遂行する上で有利になるだろう．

おわりに

　長く自由放任で無計画だった日本の医療制度は，医療計画の導入によって計画的な整備が進められるようになり，21 世紀にはいって小泉政権下での医療構造改革によって，医療圏という地域単位の医療の効用を最大化させる地域経

営学的な手法が導入されるにいたった．具体的には，疾患別の地域医療連携パスや地域医療構想などであり，そのためのツールとして情報基盤（病床機能報告），調整機関（調整会議）そして新たな連合形態（地域医療連携推進法人）も制度化された．

　地域経営学は，古典的経営学とは異なる新しい領域であるが，医療分野は地域経営学の手法が実験されるショーケースであるといってよいだろう．

　そもそも人口減少が著しい地域においては，病院や診療所が存在せず，あったとしても合併ないし消滅してしまうという大きな課題も残されている．

　今後は，地域における病院による地域経営だけでなく，島根県雲南市で始まり全国に広がっていった中山間地域などの無医地区におけるコミュニティナースなどの保健医療活動への期待も深まっている．また，医療の ICT 化や AI 化などにも期待が寄せられている．

　人口減少社会において，病院や専門職が減少していくなか，どのように地域の保健医療サービスを運営していくのかは，各地域の創意工夫や判断に委ねられている．たとえ人口が減少しても，安心して子どもを産み育てることができ，安心してその地域で老いて死ねるための保健医療サービスの充実が，各地域の地域経営に望まれているのである．

注

1）　日本学術会議経営学委員会「地域経営学に関する分科会」において地域経営学の教育や体系に関する検討が進められている．23 期（2016〜2017 年度）においては 13 回，24 期（2018〜2019 年度）では 4 回の会議がもたれた．最終的な報告書は未刊行だが，議論の報告は概ね，著者の理解と同一といってよい．

2）　行政による監督や規制が厳しいとされるわが国において，こと医療については行政による介入が少なかった理由として，日本医師会の影響が大きい．

3）　http://www.ipss.go.jp/publication/j/shiryou/no.13/data/shiryou/syakaifukushi/319.pdf（2021 年 10 月 7 日閲覧）．

4）　医学的な必要性がないにもかかわらず自宅で看護できないなどの社会的な理由による長期入院．

5）　469 ヶ所の保健所を設置主体別にみると，政令市立 91，特別区立 23 そして残り 355 が都道府県となっている．特に都道府県立の保健所は，管内の医療圏内の市町村の調整機能の役割が期待されている．

6）　critical は crisis の形容詞で，危機的な，重大なという意味．なおこれとは別に critic

の形容詞として批判的という意味にもなる.

7） 週刊医学界新聞（医学書院）2332.（1999 年 3 月 29 日）. https://www.igaku-shoin.co.jp/paper/archive/old/old_article/n1999dir/n2332dir/n2332_01.htm（2021 年 10 月 28 日閲覧）.

8） 正式には「地域における病床の機能の分化及び連携を推進するための将来の医療提供体制に関する構想（医療法第 30 条の 4 第 2 項第 7 号）」.

9） https://www.mhlw.go.jp/file/06-Seisakujouhou-10800000-Iseikyoku/0000196935.pdf（2021 年 10 月 7 日閲覧）.

10） https://www.pref.osaka.lg.jp/attach/36380/00000000/11_5-3_iryourenkeisuishin houshin_55.pdf（2021 年 10 月 7 日閲覧）.

参考文献

OECD 編（＝児玉知子・岡本悦司訳）（2011）『医療の質国際指標——OECD 医療の質指標プロジェクト報告書 2 ——』明石書店.

Okamoto, E. et al.（2011）"Integrated care through disease-oriented clinical care pathways: experience from Japan's regional health planning initiatives," International J of Integrated Care（Spec 10th Anniversary Ed）: e125.

辻哲夫（2008）『日本の医療制度改革がめざすもの』時事通信社出版局.

二木立（1998）『保健・医療・福祉複合体——全国調査と将来予測——』医学書院.

平井愛山責任編集（2004）『千葉「わかしおネット」に学ぶ失敗しない地域医療連携——広域電子カルテとヒューマン・ネットワークが成功の鍵』医学芸術社.

武藤正樹編（2010）『地域連携コーディネーター養成講座——地域連携クリティカルパスと退院支援——』日本医学出版.

第6章 地域経営における社会福祉
——ソーシャル・キャピタルとの地域協働の視座から——

川島典子

はじめに

　本章では，人口減少社会における地域経営を社会福祉の視座から論考する．社会福祉には，高齢者福祉，児童福祉，障碍者福祉，地域福祉，相談援助（ソーシャルワーク），ジェンダー，司法福祉などの各論がある．本章では主に，これらの各論の共通のステージである地域福祉に焦点を当てて，各自治体における福祉政策について論考してみたい．

　ことに，近年の地域福祉政策の動向である「地域共生社会」や「包括的支援」の詳細を説明し，人口減少社会の地域経営における処方箋としてのソーシャル・キャピタル（Social Capital）の概念や，ローカル・ガバナンスについて詳解する．また，「包括的支援」におけるソーシャル・キャピタルを駆使した介護予防と子育て支援の具体的な事例と，子育て支援策を講じてIターン者を増加させ合計特殊出生率を向上させた自治体の事例にもふれる．

　そもそも日本の社会福祉は，まず国の政策ありきで進められてきた．すなわち，行政の措置制度中心の福祉が長く続いたわけである．その日本の福祉の基礎構造を改革しようという動きが，1990年代に起きた．いわゆる社会福祉基礎構造改革の流れである[1]．

　この改革を経て，2000年に社会福祉事業法が社会福祉法に改められ，初めて地域福祉が法律に明文化されるとともに，市町村に「地域福祉計画」を住民主体のもとに策定すべきことが定められた（実施は2003年から）．社会福祉法には，利用者本位の社会福祉の実現を基本理念とすることも明記されている．この「住民主体」や「利用者本位」の概念は，ノーマライゼーションにも通ずる社会福祉の基本的な理念を具現化するものである．

　本章でも，「住民主体」や「利用者本位」の社会福祉の理念をまず念頭にお
き，住民や NPO およびその他の民間の団体と行政が協働しながら行う人口減
少社会時代の地域経営における福祉政策について論考したい．

第1節　少子高齢社会と人口減少社会における社会福祉的課題

1-1　日本の人口構造の変化

　まず最初に，現在の日本の人口構造の変化と，それに伴う人口減少社会にお
ける社会福祉的課題について述べる．

　日本の高齢化率は，2020 年現在 29.1％で世界で最も高い（厚生労働白書 2020）．
国立社会保障人口問題研究所の将来推計によれば，団塊の世代が 75 歳以上に
なる 2025 年には，高齢者人口は 3677 万人になり，2030 年には 33.3％を超え，
3 人に 1 人が高齢者になると推計されている（内閣府 2017a）．

　しかも，日本の高齢化のスピードは欧米諸国の約 2 倍である²⁾（川島ら編著
2015, 2020）．さらに，日本の高齢化の特徴として，高齢化のスピードが早いだ
けでなく，75 歳以上の後期高齢者の割合が多く，高齢化に地域較差があるこ
となどがあげられる．

　一方で，合計特殊出生率³⁾は，1975 年に 2.0 を下回ってから低下傾向となり，
男女雇用機会均等法施行 3 年後の 1989 年に 1.57 ショックといわれる戦後最低
の数値を示して以来，下がり続けている．2005 年に 1.26 と過去最低を更新し，
少子高齢社会になっただけでなく，人口も 2004 年に減少に転じて，人口減少
社会に突入した．2006 年に合計特殊出生率は一旦微増に転じ，その微増傾向
は近年でも続いていたが，2009 年には前年同様 1.37 と横ばいになり，2020 年
現在 1.34 と低い水準にあって，長期的な少子化が継続している．

　国立社会保障人口問題研究所の『日本の将来推計人口』によると，現在の少
子高齢化が続けば，50 年後にはわが国の人口は 8674 万人となり，1 年間に生
まれる子どもの数は現在の半分以下の 50 万人を割って，高齢化率は 40％を超
えるという．1990 年には 1 人の高齢者を 5 人で支えるピラミッド型の人口構造
だったのが，現在は，1 人の高齢者を 3 人で支えており，2055 年には 1 人の高
齢者を 1 人で支える逆ピラミッド型の人口構造になると推計されている（川島
ら編著 2015・2020）．

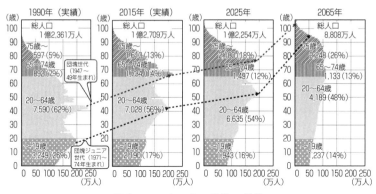

図6-1　日本の人口構造の推移

注：1990年及び2015年の総人口は，年齢不詳を含む．
出典：厚生労働省（2017）．

1-2　何が少子化を招いたのか

　このような少子高齢化を招いた要因はどこにあるのだろうか．高齢化率が高くなった理由は，ひとえに戦後，公衆衛生の状況が向上し，医療も進化して，平均寿命が延伸したことにある．

　一方，少子化を招いた要因の1つは，晩婚化・非婚化による未婚率の上昇にもある[4]．2012年の平均初婚年齢は，男性30.8歳，女性29.2歳で，1970年に比べ，男性は3.9歳，女性は5歳高くなっている．また，50歳で一度も結婚したことがない生涯未婚率は，2030年には男性30％，女性23％になると推計されている（今井 2020）．2015年現在でも，30歳から34歳の未婚率は，男性で47.1％，女性で33.6％である（内閣府 2017b）．

　また，女性の年齢別出生率のピークをみると，1975年は25歳，1990年は28歳だったのに対し，2015年には30歳がピークになっており，晩婚化が招く出産年齢の上昇がみてとれる（川島 2020）．

　結婚しない理由としては，自由を失いたくない，仕事に没頭したいといった価値観の多様化や，非正規雇用の拡大による経済的自立の遅れなどが指摘されている（中谷 2016）．

　また，晩婚化・未婚化を招いた背景の1つに，日本男性の家事・育児参加率の低さがあげられよう．2011年の「社会生活基本調査」（総務省）によると，

日本の男性が1日に従事する平均家事時間は，1時間7分で，うち育児の時間は39分でしかなく，2017年現在，先進国中最下位である．ちなみに，米国では2時間53分で，英国6時間9分，フランス2時間半，ドイツ3時間，スウェーデン3時間21分，ノルウェー5時間26分であるという（内閣府 2017b）．

　一方で，妻の家事関連時間は，7時間41分で先進国中，最も長い．ちなみに，米国では5時間39分，英国6時間9分，フランス5時間49分，ドイツ6時間11分，スウェーデン5時間29分，ノルウェー5時間26分である．これを日本の6歳未満の子どもがいる家庭に絞ってみると，妻が育児をする時間は，共働き世帯で80.5％，妻が無業の世帯で87.8％で，妻が家事をする時間の割合は，共働き世帯で67.2％，妻が無業の世帯で70.4％と，妻が仕事をしていてもしていなくても極めて高い（内閣府 2017b）．

　なおかつ，日本の男性の育児休暇取得率は12.65％（2020年現在）と，やはり先進国中最下位である．2019年度の7.45％より2020年度は約5％も向上していることは評価できるものの，まだまだ低い．日本の場合，女性の育児休暇取得率も100％ではなく，2020年現在で88％である．

　たとえば，女性支援の進んでいるノルウェーでは，女性の育児休暇取得率は100％で，男性でも90％を超えている．父親の育児休暇取得を強制する国の法律があるがゆえである．今後，日本でも同様の法律を施行しなければ，父親の育児休暇取得率は北欧なみには上がらないのではないか．また，男性が育児休暇を取得することを当たり前に認める企業風土の変革も必要である．育児休暇中の給与保障を現在よりさらに上げていくことも肝要であろう．

　こうした女性にのしかかる家事・育児負担の重さが，職業をもちながら結婚し出産することへの逡巡を女性に与えてしまっている可能性は高い．日本の男性の家事従事時間が少ない原因は，根強く残る「男は仕事，女は家事」という性別役割分業によるところも大きいだろう（川島 2020）．

1-3　少子高齢社会と人口減少社会の課題

　では，このような少子高齢社会および人口減少社会が招く社会福祉的課題とは何であろうか．

　まず第1に，社会保障制度を維持しがたくなる．日本の社会保障制度は，生活保護制度以外は，医療保険制度・年金保険制度・介護保険制度などの社会保

険制度によって成り立っている．この社会保険の保険料を給与から天引きする形で負担してくれているのは，就労世代である．つまり，少子高齢化になり，就労世代の人口が少なくなって，少ない人口で多くの高齢者を支える社会になると，社会保険制度の持続性可能性が危うくなるのである．

　前節で，日本の高齢化の特徴の1つに後期高齢者が多いことがあげられることは，すでに述べた．後期高齢者は，前期高齢者よりも多くの医療費を支払っており，このまま後期高齢者が増加すると，医療保険制度が破綻してしまう可能性も否めない．後期高齢者は，前期高齢者より要介護状態にもなりやすく，より多くの介護費用を要するため，介護保険制度も破綻してしまいかねない．

　その解決方法としては，要介護状態になることを予防する「介護予防」[5]の活動などが考えられる．だが，その「介護予防」を住民主体で地域で行うサロン[6]を運営する地域のボランティアも，少子高齢社会においては高齢化し，人口減少の著しい中山間地域などでは，サロンの担い手がいなくなる状況も散見される．これも，人口減少社会が招く課題の1つであるといえよう．

　その他，人口減少が進めば，行政職員や専門職，および民間の団体を運営する人々も減少していくことになる．人手不足や社会資源の不足は，地域経営の担い手不足に直結する．それらの課題は，福祉行政にも影を落とし，住民主体で行われるべき地域福祉における民生児童委員などの地域のボランティアの活動にも影響を及ぼすであろう．この点も，大きな課題である．

第2節　人口減少社会の処方箋としてのソーシャル・キャピタル

2-1　ソーシャル・キャピタルとは何か

　これらの人口減少社会における社会福祉的課題を克服する地域経営において，重要なキーワードとなるのが，行政と民間との協働を表すローカル・ガバナンスと，地域に蓄積される地域のつながりなどであるソーシャル・キャピタルである．

　そもそも，ソーシャル・キャピタル（以下，SC）とは何なのか．本節では，本章でとりあげるSCの概念と，下位概念をまとめておきたい．

　まず最初に，SCの概念について説明する．SCは，直訳すれば「社会資本」になるが，道路などのインフラとしての物的資本ではなく，人的資本を表す言

葉であるため，「社会関係資本」と訳すのが一般的である．

　SC の定義は，広義にみれば，社会における「信頼，規範，ネットワーク」であるといわれている．最も有名な SC の定義は，政治学者ロバート. D. パットナム（R. D. Putnam）がとなえた「社会関係資本は，調整された諸活動を活発にすることによって社会の効率性を改善できる信頼，規範，ネットワークといった社会組織の特徴」であろう（Putnam 1993）．

　ありていにいえば，SC は，人やグループ間の絆のような「信頼」や，情けは人のためならず・持ちつ持たれつお互いさまという互酬性の「規範」と，人と人のつながりである「ネットワーク」であるということになる．だが，その概念は，論者によって様々で，いまだ明確には定まっていない．

　パットナムのように「信頼の規範」に重きを置く者もいれば，「信頼」に重きを置く F. フクヤマ（F. Fukuyama）などもいるし，「ネットワーク」に重きを置いて論じる N. リン（N. Lin）や R. バート（R. Burt）などもいる．

　やがて，1960 年代に J. ジェイコブズ（J. Jacobs）が隣人関係などの社会的ネットワークを SC と表現し，1970 年代に入ってから G. ラウリー（G. Loury），P. ブルデュー（P. Bourdiu），J. S. コールマン（J. S Coleman）らの主に社会学者らを中心に，個人に注目した SC 論が展開された．そして，パットナムに受け継がれたのである（東 2003，稲葉・吉野 2016）．

　社会学者たちが「個人レベル」の SC に着目したのに対し，パットナムは「地域レベル」の SC を分析したことに，最大の功績があったともいわれている（川島 2010，2020，2021）．

2-2　ソーシャル・キャピタルの下位概念

　ところで，SC には，いくつかの下位概念がある．最も代表的な下位概念は，結合型（bonding）SC と，橋渡し型（bridging）SC である（Narayan 1999）．

　結合型 SC は，組織内部の人と人の同質的な結びつきで，内部に信頼や協力を生むものであり，大学の同窓会や地縁などの強い結びつきをさし，「町内会自治会」などがこれにあたる．強い絆・結束によって特徴づけられ内部志向的であるため，この性格が強すぎると，閉鎖的で排他的になりがちである．

　一方，橋渡し型 SC は，異質なものを結びつけるつながりで，より開放的・横断的かつ外部志向的で，広い互酬性を生む．「NPO」のつながりは，この橋

渡し型 SC に該当する．さらに，社会的地位が異なる階層の人間のつながりとしての SC である「連結型（linking）SC」などもある（川島 2010, 2020, 2021）．

　そのほか，SC の概念を参加組織によって分類する下位概念もある．すなわち，政治関係の団体や業界団体・同業団体，市民運動・消費者運動，宗教団体など，内部に垂直的な上下関係のあるつながりの「垂直型（vertical）SC」や，老人クラブ，消防団，などの上下関係や主従関係のない「水平型（horizontal）SC」である（Pitkin and Varda 2009）．また，構成要素の特徴に着目した下位概念として，「構造型（structual）SC」と「認知的（cognitive）SC」がある（Kinsha and Uphoff 1999）．「構造的 SC」は，役割，ネットワーク，規範などをさし，「認知的 SC」は個人の心理的な変化などに影響を与える規範，価値観，心情などをさす．「構造的 SC」と「認知的 SC」の間に，「行動的（behavioral）SC」を位置づける論者もいる（Pitkin and Varda 2009）．

2-3　ソーシャル・キャピタルの有効性

　はたして，地域経営における福祉政策において SC は有効なのであろうか．

　たとえば，「介護予防」を例にあげて検証してみよう．社会疫学の分野には，SC が豊かな地域に在住する住民の健康状態はよいという先行研究がある（近藤 2007, カワチら 2008, 市田ら 2005）．したがって，地域レベルの SC を豊かにすれば，効果的な介護予防を行える可能性は高い（川島 2020）．

　また，内閣府国民生活局が 2003 年に出した調査報告書『ソーシャル・キャピタル――豊かな人間関係と市民活動の循環を求めて――』には，SC と合計特殊出生率には相関関係があり，SC が豊かな地域ほど合計特殊出生率が高いことが示されている（内閣府国民生活局 2003）．つまり，「介護予防」だけでなく，「子育て支援」にも，SC は有効である可能性が高い（川島 2020）．

　それだけではなく，SC が豊かな地域は，非行や犯罪も少なく政治も安定しているという．SC を豊かにすることが，地域経営における福祉政策の一助となることは明らかなのである．

　それでは，具体的にどのようにして，SC を駆使して地域経営における福祉政策を行使すればよいのだろうか．ここでは，包括的支援における「介護予防」や「子育て支援」の事例を例にあげて論考してみたい．

　まず，「介護予防」について述べる．海外では，「橋渡し型 SC」の方がより

健康と有意に関連しているという先行研究（Kim and Kawachi 2006）がある．だが，元々，農村部における地域の強かった日本では，「橋渡し型 SC を形成する上でも結合型 SC を損なわないように配慮する必要がある」という京都府北部 3 市において 9293 人の住民を対象とした先行研究（福島ら 2009）もあり，結合型 SC と健康との関連も否めない．つまり，有効な「介護予防」を行うために SC を豊かにするには，結合型 SC と橋渡し型 SC の双方が必要だということになる．そこで，次節では具体的に，結合型 SC と橋渡し型 SC を駆使した「介護予防」と「子育て支援」の事例を紹介してみたい．

第 3 節　ソーシャル・キャピタルを駆使した包括的支援
──介護予防と子育て支援の事例──

3-1　地域共生社会と包括的支援

SC に着目した介護予防と子育て支援の事例について論じる前に，社会福祉政策において「地域共生社会」と「包括的支援」という政策用語が登場した経緯について述べておきたい．

そもそも，介護予防が政策用語として登場したのは，2001 年にさかのぼる．すなわち，2000 年に介護保険制度と同時にスタートした「介護予防・生活支援事業」（2003 年に「介護予防・地域支え合い事業」に変更）が最初である．

介護保険制度は，当初，5 年に 1 度改正されることになっていた．最初の改正年度である 2006 年に施行された改正介護保険法は，予防重視型に改正され，それまで要介護高齢者のみが対象だった介護保険制度の対象が，要支援 1 と要支援 2 に限り，介護予防を必要とする高齢者を対象としたものに変更された．また，介護予防に資する予防給付も設けられた．さらに，健康な高齢者が対象の介護予防に関する地域支援事業が設けられたのもこの年である．

この 2006 年の改正介護保険法施行時から，「地域包括ケアシステム[7]」の概念が導入され，同システムを推進する拠点として地域包括支援センター[8]が，各市町村に 2 万人規模に 1 ヶ所，設置された．この「地域包括ケアシステム」の概念が，やがて「地域共生社会」に発展していく．

「地域共生社会」という概念が生まれたのは，2015 年に厚生労働省（以下，厚労省）内に，ワーキングチーム「誰もが支え合う地域の構築に向けた福祉サー

ビスの実践新たな時代に対応した福祉の提供ビジョン」が置かれ，新たな社会
福祉のあるべき姿が検討されたことにある．ここでは，「全ての人が世代やそ
の背景を問わずに共に生き生きと生活を送ることができ（中略）地域のコミュ
ニティが活発に活動できる社会の実現が期待される．そして，この共生社会を
実現するためのまちづくりが地域において求められている」と提言された．

　その後，2016 年 6 月に公表された「ニッポン一億総活躍プラン」では，「地
域のあらゆる住民が役割を持ち支え合いながら，自分らしく活躍できる地域共
生社会の実現に向けた仕組みを構築する」と謳われている（厚生労働統計協会
2017）．ここで，「地域共生社会」の実現が位置づけられ，これに基づき厚労省
は，2016 年 7 月に「地域共生社会実現本部」を設置した．これが，いわゆる
「地域共生社会」という政策用語が登場した経緯である（原田 2019）．

　また，2016 年 7 月に厚労省は，「『我が事・丸ごと』地域共生社会本部」も
設置した．ここで検討された「『地域共生社会の実現に向けて（当面の改革工
程）』では，「地域共生社会」とは，「社会構造の変化や人々の暮らしの変化を
踏まえ，制度・分野ごとの『縦割り』や『支え手』『受け手』という関係を超
えて，地域住民や地域の多様な主体が参画し，人と人，人と資源が世代を超え
てつながることで，住民一人ひとりの暮らしと生きがい，地域を共につくって
いく社会である」と定義されている．

　さらに，2016 年 12 月には，「地域力強化検討委員会・中間とりまとめ」も
発表された．この委員会の正式名称は「地域における住民主体の課題解決強
化・相談体制の在り方に関する検討会」である．この「地域力強化検討委員
会」で出された現場の声が，やがて「包括的支援体制」の構築へとつながって
いく．

　これらの政策動向の流れを受け，2017 年 2 月には「地域包括ケアシステム
の強化のための介護保険法等の一部を改正する法律案」が可決成立した．また，
社会福祉法も改正され，この改正によって，高齢者に限らず，子どもや障碍者，
ひきこもり青年への支援，生活困窮者支援も含めた全世代・全対象型の「包括
的支援体制」づくりが市町村の努力義務となったのである．こうして，「包括
的支援」という用語は，2017 年の社会福祉法の改正に伴い，政策用語として
位置づけられていった（川島 2020, 2021）．

　しかしながら，高齢者福祉課や児童福祉課，障碍者福祉課など行政の機関は

縦割りで，横の連携がない状態で全世代・全対象型の「包括的支援」を行うのは，困難を極める．また，財源を確保する制度も定められていない．

すなわち，全世代型社会保障制度がいまだ施行されておらず，「包括的支援」の財源も全世代型にはなっていない現状では，「地域共生社会」の実現も，「包括的支援」の実施も，行政だけには頼れず，SC に依拠せざるを得ないのである（川島 2020, 2021）．

3-2　包括的支援におけるソーシャル・キャピタルを駆使した介護予防

本節では，前述した「包括的支援」における SC を駆使した介護予防を行っている三重県伊賀市の介護予防の事例を紹介したい．

伊賀市は，三重県北西部に位置し，関西圏と名古屋圏の中間にある忍者や芭蕉の生誕地として有名な中山間地域である．面積 558 km^2，人口 9 万 3392 人，高齢化率 31.5%，合計特殊出生率 1.6（いずれも 2017 年現在）で，第 1 次産業従事者は 6.9%，第 2 次産業従事者は 41.0%，第 3 次産業従事者は 51.0%である．「自治会（住民自治協議会[9]）」の活動が盛んで，市内に自治会が 277，「住民自治協議会」は 38 ある．市社会福祉協議会（以下，市社協）の活動も盛んで，「住民自治協議会」単位での小地域活動が，市社協のコミュニティソーシャルワーカー（以下，CSW）の支援の下に行われている．

市社協は，私鉄駅近くにあるスーパの 2 階にあって，高齢者が買い物帰りに立ち寄りやすい場所にある．市社協の施設内で，音楽療法や大正琴教室などの「認知症予防教室」を月 1 回程度開き，約 100 名前後の参加者を得るなど，橋渡し型 SC としての「趣味の会への参加[10]」が可能である．

また，「閉じこもり予防」を目的とする市社協による「ふれあい・いきいきサロン[11]」の活動の支援も 1995 年より始め，2007 年には 175 団体に及んだ．運営主体は，結合型 SC である「町内会自治会」や住民，地区社会福祉協議会（以下，地区社協），民生児童委員，地区のボランティア，老人クラブ，橋渡し型SC の「NPO」，JA のボランティアなどである．サロンは，月 1 回程度開催され，1 回あたりの参加者は，20 人から 30 人程度で，会場は市民センターや公民館，空き家利用など様々である．内容も季節行事，「転倒骨折予防[12]」のレクリエーションや 3 B 体操，「認知症予防」の音楽療法・合唱・カラオケ，園芸，指運動，「閉じこもり予防」の昼食会など，様々である．

　2006 年に介護保険法が改正されて以降，介護予防は地域包括ケアシステムにおいて行われており，主な拠点は，市社協と地域包括支援センターである．伊賀市では，2006 年以後も市社協の CSW のコーディネートの下，結合型 SC である「住民自治協議会」と協働して介護予防を行っている．

　たとえば，市の中心部から車で 20 分程度のところの山間の地域にある「住民自治協議会」の 1 つである諏訪地区[13]では，若年人口の中心部への流失が激しく高齢化が進み，保育園が閉鎖されるなどの課題を抱えている．しかし，市社協の CSW の支援の下，元気な高齢者が支援を必要とする高齢者を支えるという役割を持ちつつ，「住民自治協議会」独自の以下の**表 6-1** のようなメニューで介護予防を行っているという．これらの介護予防教室は，月 2 回，旧公民館である「地域支え合いセンター」で行われている．

　また，月 2 回，お弁当を届ける配食サービスも行っている．

　さらに，「諏訪住民自治協議会」では，車の運転のできない交通弱者である高齢者が増加したため，市中心部への買い物支援や，病院への通院支援を目的とし，送迎バスの運行を始めた．諏訪地区では，それらの事業を「NPO ささゆり」を立ち上げて，「NPO」の活動として行っている[14]（川島 2020）．

表 6-1　諏訪地区介護予防教室「寿の会」年間予定

月	内　　容	月	内　　容
4 月	保健師による健康教室音楽療法（認知症予防），食事会（閉じこもり予防）	10 月	保健師による健康教室 食事会（閉じこもり予防）
5 月	転倒骨折予防教室，食事会，交通安全教室など	11 月	高校生との創作活動（認知症予防），食事会（閉じこもり予防），交通安全教室，ビデオ鑑賞
6 月	保健師による健康教室 音楽療法（認知症予防） 食事会（閉じこもり予防）	12 月	食事会（閉じこもり予防） 音楽療法（認知症予防）
7 月	高校生との世代間交流による絵や工作（認知症予防），食事会，防災訓練	1 月	食事会（閉じこもり予防），世代間交流
8 月	食事会（閉じこもり予防），健康講話，ビデオ鑑賞	2 月	食事会（閉じこもり予防） 世代間交流
9 月	高校生と創作活動（認知症予防），食事会，ビデオ鑑賞	3 月	高校生との創作活動（認知症予防），食事会（閉じこもり予防），ビデオ鑑賞

出典：川島（2020：99）．

この諏訪地区の取り組みは，結合型 SC である「町内会自治会」（ここでは「住民自治協議会」）が，橋渡し型 SC である「NPO」を立ちあげ，市社協や行政と協働しながら介護予防を行う効果的な取り組みの1つであるといえる.

3-3 包括的支援におけるソーシャル・キャピタルを駆使した子育て支援

本節では，結合型 SC と橋渡し型 SC の双方を駆使して子育て支援を行っている島根県松江市の事例を紹介してみたい.

松江市は，島根県東部に位置する県庁所在地である. 国際文化観光都市で，国宝松江城と宍道湖を擁する. 2005 年に隣接する東出雲町とも合併して人口が 20 万人を越え，中核都市となった. 面積 57.299 km², 人口 20 万 3787 人，高齢化率 28.52%, 合計特殊出生率 1.33（いずれも 2007 年現在）で，第 1 次産業従事者は 6.4%, 第 2 次産業 19.1%, 第 3 次産業 74.0%である.

地縁が強く結合型 SC が豊かであり，居住歴の長い住民が多く住む旧市内や北部の農業地帯および合併後の漁村部・湖畔部は，特に結合型 SC である地縁が強い. だが，企業の支社が多くあることから，転勤族やＩターン者も多い.

市内に，結合型 SC の「町内会自治会」は 29 小学校区に 882 あって，加入率は平均 6 割を超えている. また，橋渡し型 SC である「NPO」は，松江市認定のものが 100, 島根県認定のものが 1 つの計 101 ある. 市が主催するカルチャースクールや公民館の活動の一環として行われている「スポーツの会」[15]や「趣味の会」も多くあり，橋渡し型 SC も豊かである. また，観光ボランティアや市社協のボランティアセンターを中心とした橋渡し型 SC である「ボランティアの会への参加」[16]の機会も豊富にある.

市内には，公設自主運営方式の 29 の公民館区（小学校区）があって，それぞれの公民館区に地区社協[17]が組織されている. 公民館長が地区社協長を兼ねている場合も多い. 公民館活動が教育活動と地域福祉活動の拠点になっていて，地区社協と密接に連携していることが，松江市の特徴である（川島ら編著 2013）.

子育て支援政策で最も刮目すべきは，小学校 6 年生までの医療費を無料化している点であろう. また，認可保育所と公立幼稚園では，保育料を第 3 子以降は無料にしている. さらに，待機児童 0 も目指している[18]. 休日保育所も 1 ヶ所設けられ，一時保育も認可保育園で行っている. 小学校入学後も全小学校区で学校施設などを利用して「放課後子ども教室」を開き，「放課後児童クラブ」

も計50設けている（2014年現在）.

　行政の子育て支援センターは, 中核型の子育て支援センターの他に市内に8つある. 利用料は無料で何時間いてもよく, 予約の必要もない. 小学校区を超えたセンターに行くことも可能で, 橋渡し的なつながりを保つこともできる.

　子育て支援センターをサポートする中間支援組織も9団体あり, 子育て支援センターの事業の見守りをはじめ, おもちゃの修理や, 布の絵本の寄贈, コンサート, 人形劇などを行い, サポートしている[19].

　ここでは, 宍道地区の「宍道子育て支援センター」の事例研究を行う. 松江市宍道地区は, 平成の大合併後に松江市に合併したJR松江駅からJRの普通で約20分の宍道湖沿いに広がる人口8771人の田園地帯である. 結合型SCである「町内会自治会」は48あり, 加入率は78.1％と非常に高く, 地縁の強い地域である.

　「宍道子育て支援センター」は, JR宍道駅前にあり, 保育士免許を持つ市の嘱託職員が2名, 常駐している. 月4回程度, 運動遊びや誕生会, 絵本の読み聞かせなどを開き, 月1回, 子育て支援のための講座（学習会）を外部講師を招いて開催している. また, 月1回, 花餅づくりなどの親子で楽しめる茶話会などの企画を行っている. さらに, 年6回, 保健師が開催するサロンも設け, 授乳や発達の不安の相談にも応じている.

　利用者は育児休暇中の母親が多いが, 幼稚園が夏休みの時には園児やその保護者の利用も増えるため, 夏休みの幼稚園児向けのイベントがなく, 困っていた. 宍道町には, 「宍道ふるさと森林公園」という森林の自然に親しむ広大な社会資源があり, 橋渡し型SCであるNPO法人「もりふれ倶楽部」が, この施設の運営を担っている. そこで, 「宍道子育て支援センター」では, NPO法人「もりふれ倶楽部」と協働して, おおむね3歳〜就学前児童向けの木の実を使った「やじろべえづくり」や「檜の皮の紙すき体験」などを行っている.

　この宍道地区の事例は, 結合型SCの地縁の強い地域で, 行政と橋渡し型SCのNPOが協働した好事例であるといえよう.

　以上のような取り組みなどの結果, 市が無作為抽出で全市の子育て中の保護者を対象にして行ったアンケート調査の結果によると, 「安心して子育てしやすい町だと思う」と回答した者の割合は, 65％にのぼった[20]. また, 合計特殊出生率も1.6で全国平均を上回っている（川島 2020）.

　その他，合計特殊出生率が２を超えている市町の子育て支援策も参考になる．たとえば，結合型 SC である地縁の強い島根県邑南町[21]では，2011 年より「日本一の子育て村」をスローガンに掲げ，２人目以降の子の保育料を無料にし，中学生までの医療費を無料にした．その結果，橋渡し型 SC のＩターン者が増加して，合計特殊出生率は５年連続２を超えている．また，町社協と協働して高齢者の見守り活動なども行っているという．これらのしかけをつくったのは行政であり，そのしかけによって橋渡し型 SC のＩターン者が増え，結合型 SC も橋渡し型 SC も豊かになり，社協とも協働できている好事例である．

　また，京都府福知山市の合計特殊出生率は 2.02[22]（2020 年現在）で，京都府一高い．福知山市には，24 時間ラインで子育て相談に応じてくれる子育てコンシュルジュが常駐する子育て支援サロンの NPO 法人「おひさまと風の子サロン」があり，高合計特殊出生率に貢献している．福知山も城下町で，もともと結合型 SC の地縁は豊かである上に，橋渡し型 SC の NPO 法人が子育て支援に加わっているわけだ．しかも，この NPO を行政が財政的に支援しているという．まさに，行政と SC がうまく協働できている好事例であるといえる．

　SC には地域差がある[23]といわれているため，それぞれの地域で SC の地域差に鑑みながら，SC を駆使したよりよい地域経営を住民主体に基づいて，包括的支援のなかで行っていくべきである．

第 4 節　ローカル・ガバナンスと福祉政策

4-1　ローカル・ガバナンスとは何か

　次に，本節では，人口減少社会における福祉政策の処方箋として，ローカル・ガバナンスによる地域経営を考察してみたい．

　ローカル・ガバナンスとは，「協治」とか「統治」と訳される．地方政治を表すローカル・ガバメントと対比される概念で，「ローカル・ガバナントからローカル・ガバナンスへ」ということばに代表されるように，政府が全てを決定するのではなく，様々な主体が福祉の管理や運営・調整に関わるという意味あいをもつ．それは，行政と市民が対等な立場に立った上で協力し合いながら地域の問題を解決していくことでもある（川島 2013）.

　ありていにいえば，ローカル・ガバナントが地方政府（地方自治体）だとする

ならば，ローカル・ガバナンスは，行政と NPO や民間団体などの多様な主体が「協働（パートナーシップ）」して課題を解決し共治していく働きをさす．

　人口減少社会の地域経営において，行政の力だけで統治を行うのには無理があり，ローカル・ガバナンスは，今後の地域経営の形態として注目されている．行政と共治（共同統治）を行う多様な主体として考えられるのは，前述した NPO の他に，市民や町内会自治会，民間企業および事業者などが考えられよう．

4-2　中山間地域におけるローカル・ガバナンス

　本節では，人口減少が顕著に進む中山間地域において，ローカル・ガバナンスを駆使してうまく地域経営に成功した島根県雲南市の事例を紹介する．

　小規模多機能自治[24]で一躍有名になった雲南市は，島根県東部に位置し，県都松江市や出雲市に隣接している．人口約 3 万 7000 人，高齢化率 38.9%，合計特殊出生率 1.65% の中山間地域で，地縁の強い地域である．

　雲南市では，2015 年度「雲南市総合戦略」で人口の社会増に向けた重点戦略として，子育て世代の流出抑制・転入増を図る定住基盤の整備を行った．また，地域課題解決にチャレンジする人材の育成と確保を目指し，2019 年には「雲南市チャレンジ推進条例」を施行している．具体的には，「子どもチャレンジ」[25]「若者チャレンジ」「大人チャレンジ」「企業チャレンジ」[26]を推進中である．

　「若者チャレンジ」では，若手人材の掘り起こしとネットワーキングによる地域づくりを行う「幸雲南塾」を開いている．このプロジェクトには，雲南市以外の全国から若者が参加した．また，2014 年には「幸雲南塾」の卒業生が想いを実現するためのプラットフォームとして，NPO 法人「おっちラボ」を設立している．「幸雲南塾」からは，在宅医療空白地になりがちな中山間地域に在宅医療を提供するための訪問看護事業「株式会社 Community Care」や，介護予防に関する起業をする者も現れた．

　さらに，医療施設の少ない中山間地域での保健活動を看護師が地域に出向いて行う「Community Nurse Company 株式会社」によるコミュニティナースの活動も，この塾から誕生している．コミュニティナースの活動は，島根県の隠岐諸島や，岡山県，京都府，滋賀県，奈良県，神奈川県，千葉県，福島県など全国に広がった（矢田 2019）．

　こうして，若者の起業による雇用創出に成功し，これらのチャレンジが地域

経済の活性化につながった結果，約 70 名の I・U ターンの移住者と，約 60 名分の新規雇用を得て，約 3 億円の経済波及効果を生んでいるという[27]（川島 2021，川島ら 2021）.

　雲南市の事例は，行政の条例に沿って，NPO 法人などが行政と協働し，持続可能な地域経営が行われた好事例であり，ローカル・ガバナンスがうまく機能している事例であるともいえる.

おわりに

　以上，行政や専門職および地域のボランティアなどのマンパワーが不足していく人口減少社会の課題に対し，SC やローカル・ガバナンスの観点から人口減少社会の地域経営におけるあるべき社会福祉政策について，近年の地域福祉政策である全世代・全対象型の「包括的支援」の概念も交えて論考した.

　社会福祉は，人々の幸せの実現と自己実現のためにあるといわれている. 地域の人々の幸福を実現する地域経営とは，どんな地域経営なのであろうか. それは，誰をも差別せず，誰をも切り捨てない社会福祉政策を充実させる住民本位，住民主体の地域経営であるといえよう. しかしながら，何度も繰り返し述べるように，人口が減少していくなかで，行政ができることには限りがある.

　このような人口減少社会において，地域に眠る結合型の SC を掘り起こしたり，新たに橋渡し型 SC を開発しながら SC を豊かにし，行政と協働しつつ地域経営を行っていくことは，社会福祉政策において有効である.

　この行政と民間との協働ないしパートナーシップは，学術的には，いわゆるローカル・ガバナンスといわれるものである. そこで，本章では，SC とローカル・ガバナンスの視座から，人口減少社会時代の地域経営における社会福祉政策について論じた.

　まずは，地域の福祉的課題を把握し（ニーズ把握），その課題を解決するためにはどんな協働が考えられるのかを行政と市民や社協などが共に手を携えて考え，課題解決のための計画を立てて（Plan），あくまで地域住民の立場に立った住民本位，住民主体の地域福祉政策によって，地域経営を実施（Do）していくべきである. そして，実行後は，評価（See）していくことも必要であろう. 社会福祉学の分野で実施されている Plan → Do → See の過程は，行政では，い

わゆる PDCA サイクルとして，すでに行われているものでもある.

　自らの住む地域が，誰にとっても住みやすい地域になるような地域経営を福祉の視座から行っていき，人口減少社会の課題を克服することが望まれる.

　付記　本章は，川島典子（2020）『ソーシャル・キャピタルに着目した包括的支援——結合型 SC の「町内会自治会」と橋渡し型 SC の「NPO」による介護予防と子育て支援——』晃洋書房，および川島典子（2022）「地域共生社会とソーシャル・キャピタル——橋渡し型 SC としての NPO などに着目して——」The Nonprofit Review Vol. 21 Nos 1 & 2 を加筆修正したものである.

注

1）　1990 年代後半の社会福祉基礎構造改革を具現化するために，すでに 1990 年には社会福祉関連八法が改正され，在宅福祉サービスが法定化されて，施設福祉や在宅福祉に関する権限が市町村に移り一元化された.

2）　高齢化率が 7 ％を超えた社会である「高齢化社会」から高齢化率が 14％を超えた「高齢社会」になるまで，日本は 24 年しか要していないのに対し，イギリスは 47 年，フランスは 115 年，ドイツは 40 年かかっている.

3）　一人の女性が一生に産む子どもの数. 15 歳から 49 歳の女性の年齢別出生率を合計して算出する. 人口が長期的，安定的に維持されるために必要な水準は，2.07 程度である（川島ら編著 2015・2020）.

4）　わが国では，出生する子どもの 98％以上が夫婦の嫡出子であることなどから，出生にあたっては結婚しているか否かが問題になる（今井 2020）.

5）　転倒して骨折し寝たきりになることを予防するための簡単な体操を行う「転倒骨折予防」や，「認知症予防」，閉じこもって筋力が衰え転倒したり人と話をしなくなることで認知症になることを予防する「閉じこもり予防」の他，口腔ケアなどがある.

6）　市区町村社会福祉協議会が中心となって展開している「ふれあい・いきいきサロン」や厚労省が推奨する「通いの場」など.

7）　高齢者が住み慣れた地域（おおむね中学校区の日常生活圏域）で，自立した日常生活を営むことができるよう，医療・介護・介護予防・住まい・生活支援のサービスが連携した包括的な支援体制.

8）　同センターには，社会福祉士，保健師，主任ケアマネージャーの三職種が設置されることになった.

9）　おおむね小学校区単位に自発的に設けられた「住民自治協議会」とは，地域をよくするために地域住民によって設置される組織で規約をつくり代表者を民主的に選んでいる. 市長の諮問機関，市の重要事項に関する当該地域の同意・決定機関に位置づけられ，諮問権，提案権，同意権，受託権が付与されている.

10) 「趣味の会への参加」は，橋渡し型 SC の代理変数として用いられる．

11) 当事者とボランティアとが協働で内容を決め，運営していくサロン活動．当初は高齢者の閉じこもり予防のために始まった．全国社会福祉協議会が命名し市区町村社協を中心として全国に広がっている．

12) 花見，七夕，運動会，文化祭，敬老の日，クリスマス，忘年会，など．

13) 人口 533 名，高齢者人口 246 名（2012 年現在）で高齢化率は 46.2%．0 歳児人口は 0 人で，中学生以下の子どもは 20 名に満たない．

14) 2012 年現在，利用会員は 18 名で，送迎回数は年約 450 回，運転者 12 名．

15) 「スポーツの会への参加」も橋渡し型 SC の代理変数として用いられる．

16) 「ボランティアの会への参加」も橋渡し型 SC の代理変数である．

17) 市区町村社協の下部組織で，住民によるボランティア組織．

18) 2017 年度は待機児童が 30 人いたため，2018 年度は私立の認可保育園を 3 つ増やし，226 人定員を増やした．

19) 「サポートサークル」と名づけられたこの橋渡し型 SC の中間支援組織は，年 4 回，ネットワーク会議を開いている．

20) 民間企業の調査で，子育てしやすい町全国 3 位に選出されたこともある．

21) 人口約 1 万 1000 人，高齢化率約 43%，合計特殊出生率 2.61 の島根県中西部の中国山地に面した広島県境にある中山間地域．詳細は第 12 章に記載．

22) 面積 552.54 km^2，人口 7 万 7727 人，高齢化率 29.69%（2020 年現在）．

23) 都市部では橋渡し型 SC が豊かで，農村部では結合型 SC が豊かである（川島・福島 2013）

24) 小規模多機能自治とは，小規模ながらも様々な機能をもった住民自治の仕組み．おおむね小学校区において，町内会自治会などの地縁型組織やその他の組織などのあらゆる団体が地域課題を自ら解決していく地域運営の仕組み．

25) 中高生対象の次世代育成事業や，「教育魅力化推進事業」などの教育政策を行ってシビックプライドを養っている．その結果，2019 年のアンケートで「雲南市のことが好き」と回答した高校 3 年生は 92.7%にのぼり，「将来雲南市に住みたい」と回答した高校 3 年生も 66.8%にものぼっている．

26) 2019 年から行っている「企業チャレンジ」では，竹中工務店と協働した「健康なコミュニティを支える事業創出」や，ヤマハ発動機と協働し「ラストワンマイルの移動課題解決」（低速モビリティを活用した街づくり）などを行っている．

27) その他「若者チャレンジ」では，雲南市には大学がないことから，全国から大学生が参加して地域の課題解決プロジェクトを行う「雲南コミュニティキャンパス」を開講した．2016 年から 2019 年にかけて，全国 67 大学から 406 名もの大学生が参加している．

参考文献

Kim D., Subramanian S. V. and Kawachi, I. (2006) "Bonding versus bridging social capital and their associations with self rated health: A multilevel analysis of 40 US communities," Journal of Epidemiology and Community Health.

Kinsha, A. and N. Uphoff (1999) *Mapping and Social Capital*, Social Capital Initiative Working Paper. 13. Washington D.C.: The World Bank.

Narayan, D. (1999) *Bonds and bridges: Social capital and Poverty*, PREM. THE World Bank.

Pitkin Derose, K. and D. M. Varda (2009) "Social Capital and Health Care Access: A Systematic Reaview," *Med Care Res Rev*, 66(3).

Putnam, R. D. (1993) *Making Democracy Work: Civic Tradition in Modern Italty*, Princeton University press (＝河田潤一訳 (2001)『哲学する民主主義——伝統と改革の市民構造——』NTT 出版).

東一洋 (2003)「ソーシャル・キャピタルとは何か——その研究の変遷と今日的意義について——」『ESP 豊かな人間関係と市民活動の好循環を求めて』2003 年 9 月号(377), 社団法人経済企画協会.

市田行信・吉川郷主・平井寛他 (2005)「マルチレベル分析による高齢者の健康とソーシャル・キャピタルに関する研究——知多半島 28 校区に居住する高齢者 9,248 人のデータから——」『農村計画論文集』7 (24), 農村計画学会.

今井小の実 (2015 第 2 版・2020 第 2 版第 2 刷)「少子社会におけるジェンダー問題——結婚というウィンドウからみる——」川島典子・三宅えり子編著『アジアのなかのジェンダー』ミネルヴァ書房.

稲葉陽二・吉野諒三編 (2016)『ソーシャル・キャピタルの世界——学術的有効性・政策含意と統計・解析手法の検証——』ミネルヴァ書房.

カワチ イチロー・ダニエル・キム (＝藤澤由和他訳) (2008)『ソーシャル・キャピタルと健康』日本評論社.

川島典子 (2010)「ソーシャル・キャピタルの類型に着目した介護予防サービス——結合型 SC と橋渡し型 SC をつなぐソーシャルワーク——」『同志社社会福祉学』24, 同志社大学社会福祉学会.

——— (2013)「ローカル・ガバナンス」『現代社会福祉用語の基礎知識 第 10 版』学文社.

——— (2020)『ソーシャル・キャピタルに着目した包括的支援——結合型 SC の「町内会自治会」と橋渡し型 SC の「NPO」による介護予防と子育て支援——』晃洋書房.

——— (2021)「地域共生社会とソーシャル・キャピタル——橋渡し型 SC としてのNPO などに着目して——」『Japan NPO Research Association Discussion Paper』日本 NPO 学会.

川島典子・寺本英仁・光野由理絵 (2021)「人口減少社会における持続可能な中山間地域

政策——『地域経済の活性化・教育・保健医療福祉サービスの充実』『AIによる代行』の視座から——」日本地域政策学会第20回全国大会・中山間地域政策研究分科会要旨，日本地域政策学会.

川島典子・福島慎太郎（2013）「介護保険のベンチマーク開発におけるソーシャル・キャピタルに関わる指標の地域差に関する研究」近藤克則他（2013）厚生労働科研費補助金（長寿科学総合事業-H22〜H24-長寿-指定-008）『介護保険の総合的評価ベンチマークシステムの開発 平成22年〜24年総合研究成果報告書』厚生労働省.

川島典子他編著（2013）『地域福祉の理論と方法』学文社.

川島典子・三宅えり子編著（2015第2版・2020第版第2刷）『アジアのなかのジェンダー』ミネルヴァ書房.

近藤克則編著（2007）『検証「健康格差社会」介護予防に向けた社会疫学的大規模調査』医学書院.

厚生労働省（2017）『厚生労働白書』日経印刷.

————（2020）『厚生労働白書』日経印刷.

厚生労働統計協会（2017）『国民の福祉と介護の動向 厚生の指標増補』64(10)，厚生労働統計協会.

原田正樹（2019）第4章「社会福祉法の改正と新地域福祉計画の位置——地域共生社会の政策動向と地域力強化検討会から——」新川達郎・川島典子編『地域福祉政策論』学文社.

福島慎太郎・吉川郷主・市田行信・西前出・小林慎太郎（2009）「一般的信頼と地域内住民に対する信頼の主観的健康感に対する影響の比較」『環境情報科学論文集』23，社団法人環境情報センター.

内閣府（2017a）『高齢社会白書』日経印刷.

————（2017b）『男女共同参画白書』勝美印刷.

内閣府国民生活局（2003）『ソーシャル・キャピタル——豊かな人間関係の構築と市民活動の好循環を求めて——』独立行政法人国立印刷局.

中谷奈津子（2016）「子育てをめぐる現状」社会福祉士養成講座編集委員会編『児童や家庭に対する支援と児童・家庭福祉制度 第6版』中央法規.

矢田明子（2019）『コミュニティナース』木楽社.

第7章 地域経営における外国人労働

軍司聖詞

はじめに

　読者のなかには，「地域経営における外国人労働」という本章のタイトルにいささか違和感を覚える人がいるかもしれない．すなわち「地域」と「外国人労働」という2つの概念は，あまり並存しないような気がするのではないだろうか．確かにこれまで，「地域」の第1の特徴は，地縁や血縁などに基づくコミュニティがあり，多くの場合，よそ者に対して排他的であることにあると認識されてきた．あるいは「外国人労働」といえば，都市部の多国籍企業で働く高度人材のビジネスマン，あるいは都市部のコンビニエンスストアなどでアルバイトをする外国人留学生などがイメージされ，田畑の広がるような「地域」のイメージには合わないように感じるかもしれない．

　しかし，こんにち，これまでのこのイメージは，必ずしも正しくない．こんにちの外国人単純労働力の中心である外国人技能実習生の受入数上位15都道府県をみてみると（表7-1），愛知県や千葉県，埼玉県といった比較的都市部の県が上位を占める一方，茨城県や岐阜県，北海道といった地方の道県にも受入れが進んでいることが分かる．こんにち「外国人労働」は「地域」にも，いや実は「地域」にこそ，みられるのである．そこで本章では，「地域」の中心的産業である農業を捉え，その外国人労働力受入れの背景や現況，そして量的・

表7-1　外国人技能実習生受入数上位15都道府県（百人）

愛知	千葉	埼玉	大阪	茨城	広島	神奈川	静岡	岐阜	福岡	兵庫	北海道	東京	三重	群馬
379	188	188	185	163	153	144	140	139	133	127	124	118	112	94

注：在留資格「技能実習」イ・ロの1〜3号取得者の計.
出典：出入国在留管理庁（2020）をもとに筆者集計.

質的な現況などを紐解き，地域経営のなかの外国人労働の姿を確認する．

第1節　農業分野における外国人労働力調達の背景

1-1　日本農業の労働力調達

　本論に入る前に，地域農業が外国人労働力を必要としている背景，すなわち農業分野における人手不足の現況を確認しておこう．まず基幹的農業従事者数の推移をみると（図7-1），1976年に約503万人あった基幹的農業従事者は，2020年にはわずか約130万人にまで減少していることが分かる．平均すると年間8万人強が減少していることになる．新規就農者数の推移をみると（図7-2），近年はおよそ5〜8万人程度で推移しているから，実際には年間15万人前後が離農しているとみられる．農業には深刻な人離れが起きているのである．

　毎年，これほど多くの農業者が離農しているのは，なぜだろうか．これは，構造的要因による．基幹的農業従事者の平均年齢の推移をみると（図7-3），2003年の62.9歳から徐々に上がっており，2020年には67.8歳に達している．実は日本農業の担い手の大半は高齢者なのであり，これが毎年ドロップアウトしつつあるのである．こんにちの地域社会では，少子高齢化が深刻化していることは周知の通りだが，日本の農業には，若年参入者が少なく，それを大きく上回る高齢農業者の離農があるという構造があり，日本の農業はまさに少子高

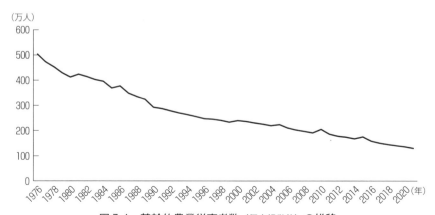

図7-1　基幹的農業従事者数（個人経営体）の推移

出典：農林水産省（2021c, 2021d）をもとに筆者作成．

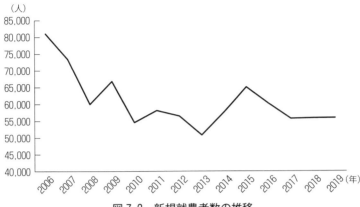

図 7-2　新規就農者数の推移

出典：農林水産省（2021e）をもとに筆者作成.

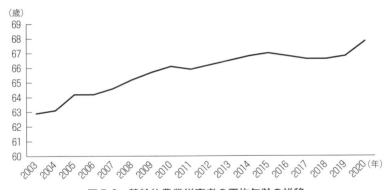

図 7-3　基幹的農業従事者の平均年齢の推移

出典：農林水産省（2021a，2021b）をもとに筆者作成.

齢化の影響を大きく受けている産業なのである.

　この現状を別の角度からもみてみよう. 日本の農地には耕作放棄地が増加していることは周知の通りであろうが（**図 7-4**），耕作放棄が進んでいるのはなぜだろうか. 経済学の理論からすると，生産性の高い優良農地は耕作され続けるが，生産性が低く耕作のための費用が収益を上回るような劣悪な農地は，耕作が放棄されることになる. すなわち理論的には，多くの劣等地が生まれているということになる. しかし荒廃農地の発生原因を確認すると（**図 7-5**），実は「高齢化・労働力不足」を理由とするものが 88.0%にのぼるのである. 「基盤

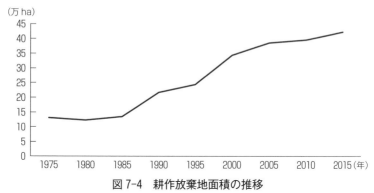

図 7-4　耕作放棄地面積の推移

出典：農林水産省（2020）をもとに一部修正.

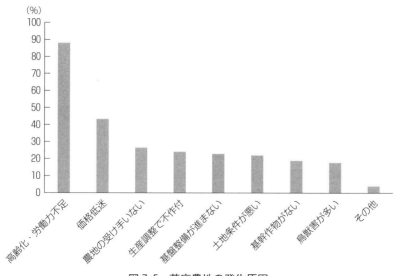

図 7-5　荒廃農地の発生原因

出典：農林水産省（2020）をもとに一部修正.

整備が進まない」「土地条件が悪い」など，土地が悪く生産性が低いのではな
く，良質な農地であっても労働力が足りないから耕作を放棄せざるを得ないの
である.

　日本の農業は，就業者が極めて高齢化しており，毎年多くの農業者が離農し
ている．離農に際して，耕作していた農地の引き受け手はなく耕作放棄地が増

加し続けているが，これは労働力が手当てできれば荒廃を免れることができたものである．日本の農業は，とにかく人手を必要としているのである．

1-2　農業の産業的特徴

ところで，読者諸氏は，農業にどのようなイメージを持っているだろうか．水田で大型機械に乗りながら水稲作をしているイメージや，ビニールハウスでトマトやピーマンなどを作っているイメージなどが浮かぶだろうか．おそらく多くの読者にとって，農業というのは，近くて遠いような産業ではなかろうか．毎日農産物を食べていて，産品自体は身近に感じているものの，産業としては農業はあまり身近ではないかもしれない．

農業には，実は他産業にはみられない産業的特徴がいくつもあるのである．農業は他産業と違い，生物を扱うものであるから，仕掛品という概念がほとんどない．他産業であれば，たとえば自動車を製造する際に，自動車が売れない時期はその部品（仕掛品）をたくさん作っておいて，自動車が売れる時期に部品を組み立てる，といったことが行われる．しかし農業では，一度コメを作りはじめたら，途中で止めることはできない．苗の状態まで作っておいて，田植えは来年にする，ということはできないのである．

同じように，農業は季節性が強いという特徴があることも比較的分かりやすいだろうか．茨城県を例にあげると，レタスは春と秋冬に作ることができるが，夏に作ることはできない[4]．逆に，ナスなどは夏に短期間で作ることができるから，レタス農家はナス作りなどもするものが少なくない．

農業にある様々な特徴のなかで，もっとも大きなものは，生産が土地に基底されるということではなかろうか．他産業の場合，縫製業なら，日本国内では生産が難しく縫製作業員が集まらないという事態になれば，生産を海外に移転することができる．この原稿を執筆している今，筆者が着ている服は中国製であるし，向かっている机はベトナム製である．しかし，農業では，生産を海外に移転できるとは限らない．足が遅い（消費期限が長い）農産物である小麦やニンニクなどは，海外で生産する，あるいは海外産のものを輸入することができるが，足が早い（消費期限が短い）キャベツやトマトといったものは国内で生産しなければならない．

このことは，何を意味するだろうか．農業が人手不足の状態にあるこんにち，

少なくとも足が早い作物については，農家が外国に出作する，あるいは外国で
外国人に生産をしてもらうのではなく，外国人に日本にやってきてもらう必要
があるのである．これが，農業が抱える産業的特性から得られる大きな特徴の
1つであり，「地域」にこそ「外国人労働」が必要とされる理由である．

1-3　農業の外国人労働力調達の特徴

　もう1つ，農業の産業的特徴を確認しておこう．それは，農業経営体には家
族経営が多いということである．これには歴史的経緯ほか，様々な要因がある
のだが，いずれにせよ日本の農業経営体の約98％は家族経営体なのであり，
農業経営体は一般に農家と呼ばれている．

　ところで，上の通り，日本の農業はとにかく人手を必要としており，次節に
みるように外国人労働者を受け入れることによってこれを満たしているのだが，
日本の農家に受け入れられている外国人労働者というのは，どのような人たち
なのだろうか．実は，農業で受け入れられている外国人労働者のほとんどは，
もちろん都会の多国籍企業にみられるような高度人材ではなく，また外国人留
学生のアルバイトというわけでもない．農業で受け入れられているのは，東南
アジア諸国の農村部出身の小卒者・中卒者などで，本来は先進国での出稼ぎに
は向かない人々なのである．筆者はこれまで，日本の農家に受け入れられた外

図7-6　訪日外国人農業労働者の実家例（カンボジア・
　　　　プノンペン郊外）

筆者撮影．

国人労働者の実家を数多く訪れてきた（**図 7-6**）.

　地域農業における外国人労働力調達というのは，基本的に，外国人どころか日本人の雇用も不慣れな家族経営の農家が，先進国での出稼ぎには向かない東南アジアの農村部出身の若年層を受け入れるということなのである．したがって，受入トラブルの発生が必然だということになる．よって，受入農家・外国人労働者の十分なケアが不可欠なのである.

第 2 節　外国人農業労働力調達の実際

2-1　量的な現況──全体の把握──

　それでは，地域における外国人農業労働力調達の実際を確認していこう．まずは各種統計から量的にその実態に迫るが，実は外国人労働者に関する日本の統計は十分に整備されていないという問題がある．訪日する外国人労働者は，入国に際して膨大な量の書類を当局に提出しており，政府は外国人労働者に関する様々な統計を作成する元データを有してはいるのだが，統計として公表してはいないのである．世の中の一人として，日本の外国人労働力に関する量的な実態を正確に把握してはいないのである.

　この不十分さを認識しながら，公表されている統計からできる限りの把握につとめよう．まず，農林業における外国人労働者数全体の推移は，**図 7-7** の通りである．2011 年に 1 万 5571 人だった外国人農林業労働者数は，20 年には 3 万 8208 人（うち農業 3 万 8064 人）と，この 10 年で約 2.5 倍に増加した．現在，日本には 4 万人弱の外国人農業労働者がいるのだが，堀口編（2017）によればこの大きさは，農業の常雇労働者の約 1 割を占めており，すでに「外国人労働者なしで日本の農業は成り立たない」（安藤 2015）といってよい状況にある.

　しかしながら，この 4 万人弱の外国人が，どの国籍の人で，どの地域にどのくらいいるのか，あるいはどのような農業に従事しているのか，といったことはわからない．統計が整備されていないためである.

　そこで，あくまで傾向を示すものであるという限界を認識しつつ，公表されている統計からこれらを確認すると，まず**表 7-2** の国籍別では，2019 年の外国人農業技能実習生 1 号（団体監理型）認定件数の総数 1 万 5623 件のうち，ベトナムが最多の 6266 件，次ぐ中国が 4291 件と，この 2 国で全体の約 3 分の 2

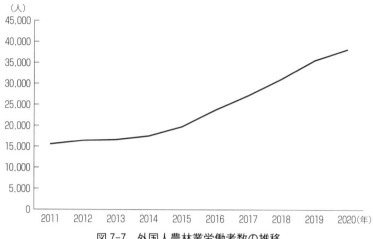

図7-7　外国人農林業労働者数の推移

出典：厚生労働省（2021）をもとに筆者集計.

表7-2　2019年技能実習1号（団体監理型）
農業実習計画認定件数上位5ヶ国

（件）

	農業全体		
		耕種	畜産
ベトナム	6,266	4,841	1,425
中　国	4,291	3,767	524
フィリピン	1,541	1,105	436
インドネシア	1,431	1,097	334
カンボジア	877	780	97
（全体）	15,623	12,563	3,060

出典：外国人技能実習機構（2021）をもとに筆者集計.

を占めていることがわかる．日本に受け入れられている外国人農業労働者の3
分の2はベトナム人か中国人であるとみてよいだろう．次に，外国人がどんな
農業に従事しているか，すなわちレタスを作っているのか，トマトを作ってい
るのか，などということについては，詳細にはわからないのだが，耕種・畜産
の大枠の別でみると，表7-2によれば全体では1万5623人中1万2563人が耕
種農業に受け入れられており，各国別の状況を見ても，およそ8割が耕種農業

表7-3　2019年技能実習1号（団体監理型）農業実習計画
認定件数上位5道県　　　　　　　　　　　　（件）

農業全体

		耕　種		畜　産	
茨　城	2,741	茨　城	2,509	北海道	825
北海道	1,650	熊　本	1,403	千　葉	277
熊　本	1,491	北海道	825	茨　城	232
千　葉	923	群　馬	779	鹿児島	138
群　馬	887	千　葉	626	栃　木	123

出典：外国人技能実習機構（2021）をもとに筆者集計.

に従事しているものとみることができるだろう.

　では，外国人農業労働者は，どの地域にどのくらいいるのだろうか．細かな市区町村まではわからないのだが，都道府県別でみる**表7-3**によると，全体では茨城・北海道・熊本・千葉・群馬に多く，特に最多の茨城県は第2位の北海道の2倍弱にも及ぶ圧倒的な多さを誇っている．また，第4位に千葉があることから，外国人農業労働力調達のメッカは東関東であるということもできよう．これを耕種・畜産の別でみると，耕種では茨城の圧倒的多さが際立つ一方，畜産では北海道の存在感が際立っている．また，熊本や群馬では耕種の比率が高く，北海道や千葉，鹿児島，栃木などでは比較的畜産の比率が高いともいえるだろう.

　さしあたり，量的に理解できることはこれくらいなのだが，まとめると，外国人農業労働者数は全体で4万人弱あり，常雇労働力の約1割を占めているが，その約8割は耕種農業に従事しており，特に茨城に多く，千葉と合わせて東関東がメッカとなっている現況がある．一方，北海道にも少なからず外国人農業労働者があるが，北海道は特に畜産で多く受け入れられているという特徴がある，ということになるだろうか.

2-2　質的な現況──受入規模別のイメージ──

　次に，質的な実態に迫っていこう．前節で確認した通り，外国人農業労働力には耕種で受け入れられているもの，畜産で受け入れられているものがあり，もちろん耕種と畜産では受け入れられ方が違う．あるいは同じ耕種であっても，

大規模農家と小規模農家では異なる．そこで本節では，全体の98％を占める
家族経営について，これを外国人労働者の受入人数別に「小規模家族経営」
「中規模家族経営」「大規模家族経営」の3通りに分け，その実際を簡単にみて
みよう[6]．

2-2-1 「小規模家族経営」の外国人労働力受入れ

第1の「小規模家族経営」は，外国人労働力を1～2人，受け入れるもので
あり，外国人以外の労働力は，高齢の経営主，あるいは高齢夫婦2人の家族労
働力のみであるものが多い．この「小規模家族経営」高齢農家にとって外国人
労働力は，いわば外出してしまった後継者の代わりであり，後継者のないなか
で細々と小規模営農を続けてきたものの，高齢になり農作業を全うすることが
困難となったことから，後継者の代わりとしてわずかに外国人労働力を調達し，
営農を継続させている[7]．外国人労働力には，高齢農家には困難な重作業や，補
助的作業のみを期待するものもあるが，多くは後継者の代わりとして家族労働
力とともに同じ作業に従事することが期待される．後継者と同様，経営主から
技術指導もなされ，経験年数に応じて熟練していくことも求められる．

「小規模家族経営」による外国人労働力受入れの特徴は，その厚遇さにある．
「小規模家族経営」にとって外国人労働力は，作業面のみならず生活面でも後
継者の代わりであり，生活面でも家族に準じた扱いがなされることが多い．宿
舎こそ別だが，食事や休憩をともにしたり，買い物などの生活支援をしたりす
ることはもっぱらである．たとえば，茨城県神栖市のある農家は，経営主（70
歳）と中国人実習生（30歳）の2人で，のべ60アールのピーマンを作付けして
いるが[8]，この中国人実習生の作業内容は経営主とほとんど同じであるほか，食
事や休憩は経営主とその妻とともに取っているとともに，筆者による調査時に
はこたつを囲んで団らんする姿などが確認された．日本語能力が高かったこと
から[9]，この中国人実習生への調査は日本語で行われたが，筆者が難しい日本語
で質問をした際には，経営主やその妻が質問内容を噛み砕いて説明する様子が
幾度となくみられた．また，実習生は経営主やその妻を「お父さん」「お母さ
ん」と呼び，就労先の上役として以上の存在として思っているようであった[10]．

この特徴は，逆にいえば，「小規模家族経営」は後継者に準じた存在となる
ような外国人労働力を慎重に選抜しなければならないということでもある．
「小規模家族経営」農家は，外国人労働力と常に対面して農作業を行うほか，

食事や休憩などもともにすることから，受け入れられる外国人労働力には，農作業能力以上に優れた人間性を有しており，かつその家風や矜持に合った人材であることが求められる．「小規模家族経営」農家は，必ずしも経営資金に余力のあるものばかりではないが，このため，費用を掛けて現地渡航をし，面接選考に参加するものが多い[11]．「小規模家族経営」の外国人労働力受入れには，その構造に反して比較的受入トラブルが少ないが，これは高齢農家が外国人労働力を家族に準じた扱いをし，労働時間・余暇時間を通して密なコミュニケーションを取っているほか，そもそも人間性を重視して調達しているためであるとみられる．

　しかしながら，「小規模家族経営」の外国人労働力調達は，受入トラブルこそ少ないものの，悪くいえば高齢零細農家の延命措置でしかないようにもみえる[12]．しかし，その調達が好循環をして，延命措置以上の意味を持つ場合もある．すなわち，外国人労働力調達によって経営状態が改善され，外出した後継者が帰農する場合である．この意味で外国人労働力は，「小規模家族経営」高齢農家の営農を継続させる，地域農業の保全者であると同時に，後継者確保の最後の希望でもある．

2-2-2　「中規模家族経営」の外国人労働力受入れ

　第 2 の「中規模家族経営」は，外国人労働力を 3 〜 4 人，受け入れるものであり，家族労働力などと合わせて 6 〜 8 人ほどの労働力であるものが多い．「中規模家族経営」にとって外国人労働力は，日本人常雇・臨時雇の代わりであり，家族労働力のみでは耕作しきれない面積を抱えるなかで，これまでは日本人を調達してこれを達成してきたが，定着しない日本人常雇が更新できず，あるいは地域内の日本人臨時雇が高齢化し離農したため，これらを外国人に転換したものである[13]．しかしながら，日本人労働力の代わりとしての外国人労働力には，日本人とまったく同じ作業への従事を求める経営も一部にはみられるものの，比較的高度な作業への従事は難しく，単純作業しか任せることができないと判断する経営が多い[14]．この場合，日本人労働力と外国人労働力は，収穫作業などをともにすることもあるが，日本人が施肥管理などの高度な作業を行う間，外国人は箱作りや袋詰めなどの単純作業を行うなどの分業制が取られることもある．

　外国人労働力を家族に準じた存在として扱い，農作業能力より人間性を求め

る「小規模家族経営」と異なり，「中規模家族経営」は外国人労働力を純粋な雇用労働者として扱い，農作業能力を重視して調達するものが多い[15]．農作業は，分業制により外国人労働力のみで行われることも多く，また日本人と外国人の宿舎はもとより，食事や余暇時間も別であるのが通常であり，外国人労働力は余暇時間をもっぱら同僚とともに過ごす[16]．よって「中規模家族経営」による外国人労働力受入れは，外国人労働力を監理・監督する監理団体[17]の役割が非常に大きくなることが特徴となる．「中規模家族経営」には「小規模家族経営」のように現地渡航して面接選考に参加するものもあるが，外国人労働力の選考はすべて監理団体に任せるものも少なくない．この場合，綿密な監理体制を敷く優れた監理団体は，受入農家への巡回を密にして外国人労働力の就労・生活実態を確認し，かつ訪日希望者の素養を正確に理解して，受入農家内の外国人労働力のポートフォリオが最適となるような斡旋をする．たとえば，日本語能力は高いが作業体力が乏しい先輩がいる農家には，日本語能力は乏しくとも作業体力のある候補者を斡旋する，といった具合である．あるいは，監理の行き届かない受入農家では，様々な受入トラブルが生じるが[18]，優れた監理団体は，送出機関と協力して積極的に受入農家・外国人労働力双方のケアをし，トラブル防止をはかる，ないし小さなトラブル発生時にはすぐに駆けつけて事態が大きくなる前に対処をする．「中規模家族経営」による外国人労働力調達の大部分は，監理団体によって支えられており，その成否は監理団体の監理いかん，ないし受入農家の監理団体選択いかんに掛かっているといっても過言ではない[19]．

2-2-3 「大規模家族経営」の外国人労働力受入れ

第3の「大規模家族経営」は，外国人労働力を5人以上受け入れるものである．外国人以外の労働力は，家族労働力のみである場合もあるが，1～2人程度の日本人常雇・臨時雇が調達されている場合が多い．5人以上の常雇労働力を調達する経営は，いずれにせよ社会保険への加入義務が生じることから，家族経営体ではなく組織経営体となるのが一般的だが，会計管理の煩雑化や経費使用の流動性が乏しくなるなどを忌避して，家族経営体のままであることを選ぶ経営体もみられる[20]．

「大規模家族経営」の外国人労働力調達は，組織経営体のそれとおおむね同じであるため，ここでは簡単にその特徴をとらえるにとどめるが[21]，その特徴は，日本人常雇・臨時雇に外国人労働力の監督者としての役割が期待されるという

ことになる．「大規模家族経営」では，農作業を 2 班以上で行うことが多いた
め，日本人常雇・臨時雇には，高度な作業への従事のみならず，班長として作
業差配をすることが求められる．「中規模家族経営」では，もっぱら家族労働
力が雇用労働力への作業指示を行うが，「大規模家族経営」では家族労働力は
営農計画を立てて班長の日本人労働力を差配し，日本人労働力は自班の外国人
労働力の作業差配をする．すなわち班長となる日本人労働力には，高度な作業
への従事能力に加え，管理能力も求められる．

お わ り に

　「地域」を代表する産業である農業は，地域社会に深刻化する少子高齢化の
影響を大きく受けて人手不足に苦しんでいる現況がある．生産が土地に基底さ
れるという農業の産業的特徴から，農業には外国人労働力調達が不可欠となる
が，田舎の家族経営農家が東南アジアの農村部出身の若年層を受け入れること
から受入トラブルの発生が必至であり，地域経営の観点からこれに対応するこ
とが求められている．

　現在の受入トラブルの防止策は，外国人労働者の受入規模によって異なる．
「小規模家族経営」では，人格に優れ家風に合った外国人労働力を調達して家
族同様の扱いをすることで，「中規模家族経営」では優れた監理団体からの監
理を受けることで受入トラブルの防止に努めている[22)]．地域社会には，これらに
対する支援として，たとえば「小規模家族経営」には現地渡航費用の補助，
「中規模家族経営」には当該地域を管轄する JA 等の紹介や支援などを行うこ
とが求められよう．また，十分な受入トラブル防止を図ることができない経営
のケアも必要となるかもしれない．

　最後にもう 1 つ，農業の産業的特性を示しておこう．それは，家族経営農家
にとっては「農業経営＝農家家計」であるということである．外国人労働力の
受入トラブルによって労働力がいなくなり，経営に大きな損失が生じれば，そ
のまま家計の逼迫を招くことになる．農業は止まれない産業であるから，播種
（種蒔き）のときにいた労働力が収穫のときにいなくなっては，一大事になる．

　日本の農業，ひいては地域社会は，充分な外国人労働者の受入トラブル防止
体制なしには成り立たない．地域経営には，この観点が不可欠なのである[23)]．

注

1）「地域」という言葉には，たとえば「東京都新宿区西早稲田の地域コミュニティ」のように都市部・地方部の別によらず小単位の地理的区分を示すこともある．しかし本章では，いわゆる「農村部」と呼ばれる地方部を指し示すものとしてこれを用いる．

2）「『基幹的農業従事者』とは，ふだん仕事として主に自営農業に従事している者をいう」（農林水産省ウェブサイト）．実際には基幹的農業従事者には細かい定義があるが，さし当たり，片手間でなく本業として農業に従事している人のことであると認識しておけばよいだろう．

3）厳密には，荒廃農地とは耕作放棄地に不作地を加えたものだが，ここでは荒廃農地と耕作放棄地はほとんど同じものとして考えておいてよいだろう．

4）一方，高冷地の多い長野県では，レタスは夏に作られている．なお，茨城県と長野県で全国のレタス生産の約半分を占める．

5）これは1年間に日本に新たに入国した外国人のうち，団体監理型という方式で技能実習の在留資格を取得した外国人の数を示すものである．外国人農業労働者の主力は団体監理型の技能実習生とみられることから，この数がおおよその傾向を示すが，「採用した外国人を長く雇用する経営が多い地域」の外国人は少なく，「外国人を毎年新たに採用し直す経営が多い地域」の外国人は多く計上される特性があるため，必ずしも全体の傾向を正確に示すものではない．

6）本節は以下，軍司（2019）をもとに，一部加筆修正している．

7）もちろん，1〜2人受入れの経営には，経営規模の拡大をはかるための労働力として外国人を受け入れはじめたものの，受入れをはじめたばかりで人数はわずかとなっている意欲的経営のほか，新規就農者などもある．しかしこれらは，規模拡大によって3人以上受入れを目指す中途段階として1〜2人受入れに止まっているものであり，本節が捉えるところの，規模拡大を目的とせずあくまで経営維持のために最適な1〜2人受入れを意図的に行う「小規模家族経営」とは質的に異なる．

8）ただし繁忙期には日本人臨時雇1人が手伝うこともある．

9）「小規模家族経営」に受け入れられる外国人労働力は，経営主などと常に対面するほか，先輩や同僚なども乏しいため，比較的日本語を覚えるのが早いものが多い，ないし日本語能力が高いものが採用されることが多い．

10）東日本大震災に伴う福島原子力発電所事故が発生した際，茨城県内では多数の中国人実習生が突然帰国したため，営農が継続できなくなった農家が続出したが，「小規模家族経営」の多い同地域では帰国者が1割程度にとどまった．中国内の虚偽の報道を受け，実習生の家族は帰国を切望したが，実習生の多くは「（受入農家の）お父さんお母さんに迷惑を掛けられない」と帰国を思いとどまり，本国の家族を説得した．

11）近年は，現地渡航をせず，ウェブシステムによる面接を行うものもみられる．

12）高齢農業者が営農を継続すること自体にも大きな意義があるとする研究もある．堀口他（2019）によれば，高齢農業者は健康寿命が比較的長く，いわゆる「ピンピンコ

ロリ」の傾向がある．

13)　外国人労働力と合わせて労働力 6 〜 8 人が最適規模であると判断し意図的に「中規模家族経営」にとどまる農家が多い地域（たとえば長野県南牧村）や，出作できる範囲内には空きがなく「中規模家族経営」を超えた規模拡大が困難な地域（たとえば茨城県八千代町）もあるが，意図せず「中規模家族経営」化する農家の多い地域もある．これは，地域内の高齢零細農家の離農が進むなかで，比較的経営体力のある農家がその農地を引き受けざるを得なくなり，これを耕作するための労働力として外国人労働力の調達を進めざるを得なくなるものである．

14)　外国人労働力は，数年程度で更新されることが多いため常に"新米"であり，中堅農業者以上に任せられるような作業への従事は困難であることが多い．

15)　農作業の能力をアピールして採用される「中規模家族経営」の外国人労働力のほとんどは，高賃金の獲得を最大の訪日目的としていることが多い．外国人労働力には，重作業への従事が求められることが多いが，これを忌避するものはあまりなく，むしろ重作業であっても残業量を増やすことを受入農家に求めるものが多い．

16)　ただし「中規模家族経営」にも，採れた米や野菜を提供したり，遠方のスーパーへの送迎をしたりするなど外国人への生活支援をするものが多い．

17)　外国人農業労働力調達制度の中心である外国人技能実習制度は，海外の送出機関と連携して外国人材を受入農家に斡旋し，実習生の実習中は受入農家・実習生の双方を監理・監督する監理団体が実習に介在することを必須としている．この監理団体は，農業協同組合（JA）のほか，農家同士などが結成した事業協同組合があたるのが通常である．

18)　たとえば，外国人労働者同士がケンカをしたり，人材ブローカーの失踪勧誘に応じてしまったりするなどがある．

19)　一般に，農業分野の監理団体は，安価に綿密な監理を提供する優れた監理団体であるものが多い．他産業の監理団体は都市部に所在するのが通常だが，農業分野の監理団体は同地域内に所在するものが多く，巡回指導も密であるほかトラブル発生時の対応も迅速である．特に農協は，管区内で外国人労働力調達が進み，組合員の経営規模が拡大すれば販売・購買事業が好転することから，安価かつ綿密な監理を提供して組合員の外国人労働力調達の促進につとめるものが少なくない．地域内の農家群が設立した事業協同組合も同様である．

20)　そのほか，分社化した大規模経営の一部を個人名義の家族経営体として残すものなどもある．

21)　大規模組織経営体による外国人労働力調達の詳細に関心のある読者は，軍司・堀口（2016）を参照されたい．

22)　「大規模家族経営」は事実上，組織経営体に準じた経営であり，雇用労働力の労務管理に通じているのが通常である．

23)　外国人技能実習制度には 1 年を超えて 3 年まで滞在できる在留資格「技能実習 2 号」

への移行が認められているものが 86 職種 158 作業ある．本章はそのうち「1．農業関係　耕種農業」について論じたが，地域によって農業以外が主要産業となっているところもある（例えば広島県沿岸部では造船業（溶接など）が盛んであったり，茨城県沿岸部では水産加工業（加熱性水産加工食品製造など）が盛んであったりする）．読者は関心ある地域の産業の実情に合った地域経営像が必要であることに留意されたい．

参考文献

安藤光義（2015）「規模拡大の裏側　外国人労働者なしで日本の農業は成り立たない」『エコノミスト』89(3).

外国人技能実習機構（2021）「業務統計」外国人技能実習機構ウェブサイト.

軍司聖詞（2019）「家族経営農家における外国人労働力調達」『農業と経済』85(12).

軍司聖詞・堀口健治（2016）「大規模雇用型経営と外国人労働力」『農業経済研究』88(3).

厚生労働省（2021）「外国人雇用状況の届出状況まとめ」厚生労働省ウェブサイト.

出入国在留管理庁（2020）「都道府県別在留資格別在留外国人（総数）2020 年 12 月末」『在留外国人統計』e-stat ウェブサイト.

農林水産省（2020）「荒廃農地の現状と対策について」農林水産省ウェブサイト.

───（2021a）「農業従事者等の平均年齢」『農業構造動態調査』e-stat ウェブサイト.

───（2021b）「農業従事者の平均年齢」『農林業センサス類年統計』e-stat ウェブサイト.

───（2021c）「年齢別基幹的農業従事者数」『農林業センサス類年統計──農業編──』e-stat ウェブサイト.

───（2021d）「年齢別基幹的農業従事者数」『農業構造動態調査長期類年』e-stat ウェブサイト.

───（2021e）「就農形態別新規就農者数」『新規就農者調査』e-stat ウェブサイト.

堀口健治編（2017）『日本の労働市場開放の現況と課題』筑波書房.

堀口健治・弦間正彦・軍司聖詞（2019）「後期高齢者医療費が少ないグループの検出とその意義」『共生社会システム研究』13(1).

※ウェブサイトの年次は確認年

第**8**章　地域経営における情報学

倉本　　到

は じ め に

　情報化社会の到来が叫ばれる昨今，すでに我々の生活においてコンピュータやインターネットに代表される情報技術は必要不可欠なものとなっている．わずか50年の昔には，部屋の一角を占拠する巨大な電子部品と配線の集合体であったコンピュータも，今やそれと同程度の計算能力を持つ機会が，スマートフォンという形で読者諸氏の胸ポケットに収まっている．

　このようにすっかり社会に広がる情報技術であるが，地域社会での生活を振り返ると，必ずしもそれらが適切に活用されているようには見えない．これには様々な理由が考えられる．

　第1は導入コストである．これまでの社会構成に対して全く新しい技術を導入するためには，時間的にも金銭的にもコストがかかる．そのため，投資に対して結果が出やすい基幹業務（たとえば省庁間連携ネットワーク，住民基本台帳ネットワークなど）や，日常的に利用する環境の導入（たとえば，文書作成ソフトや表計算ソフトによる書類作成の効率化）が先行し，地域の細やかな対応に活用できる情報技術の導入は進んでいない．

　第2は業務プロセスの変化である．新しい仕組みが導入されると，大なり小なりこれまでの業務のやり方に変化が現れる．情報技術による業務プロセスの改善のことはデジタルトランスフォーメーション（DX）と呼ばれ，文章作成など変化が小さい場面では導入が進みやすいが，稟議や経理，窓口業務など多数の人が関わるプロセスに対しては，変化に伴う煩雑さ（業務順序や手続きの変化，書類型式の変更など）を忌避することが多い．また，無理に既存のプロセスに情報技術を導入することにより，これまでの環境では発生しなかった無数のオー

バーヘッドが生まれ，むしろ業務環境が悪化するなどの問題も発生する．このことは，人の入れ替わりの激しい都市部に比べて，知（ここでは，業務のやり方）が型式化されず，属人的に取り扱われやすい地域のほうが顕著に発生することが推察される．これらが障壁となって情報技術の導入は進んでいない．

　第3は情報技術に対する理解である．文部科学省による GIGA スクール構想において学校での教育への情報システムの利用が促進されるなど，個人で利用する情報技術の理解（情報リテラシーと呼ばれる）は進みつつある．しかし，情報リテラシーはあくまで個人が情報技術や情報社会と対峙するさいの知恵であり，情報技術を一個人ではない社会での活動にどのように利活用すべきであるかに対する学びは一般的ではない．ビッグデータや Society 5.0 などのキーワードが散見される中，実際にそれらの最先端技術を地に足の着いた形で運用するためには，情報技術に対する適切な理解が必要である．人口の多い都市部であれば，データサイエンティストなどそれらを専門とする技術者も多く輩出されることから，技術利用を専門職に委託するやり方も考えられるが，地域においてはそのような人材が期待できない，あるいは存在したとしてもその人材に適切に業務を委託できるだけの知識が得られない，という状況がある．インターネットの発展により，地域にいながら全世界的な知識を学習すること自体は不可能ではないが，その道標となる指導者や適切なコンテンツがないと学習を効率的に行うことができない．しかも，そもそもそれら道標にたどり着くための基礎知識を学ぶ方法がない，という悪循環に陥ることが危惧される．

　本章では，この第3の観点に着目し，地域において利活用できる情報技術について，その最初の手掛かりとしての知見を概観する．紙幅の都合により，本章の内容は表面的なものにとどまるものの，重要なキーワードとその本質，そしてできる限りの実践例を挙げることにより，さらなる学習のための道標となることを目指すものである．本章で示す様々な知識や実践例が，地域の活性化やさらなる発展に，情報技術という観点から一石を投じられることを願っている．

第1節　地域情報学
──地域経営に密着する情報学──

1-1　情報学とは

　情報技術という言葉は，コンピュータやネットワーク技術のことであると一般には理解されている．それではそもそも情報とは何なのだろうか．その大前提からみてゆく．

　さて，辞書的な定義によると，情報とは「送り手と受け手の間で，文字や記号を使ってやりとりされる，知識を得たり判断を支援したりするもの」であるとされる．たとえば，田舎のおばあちゃんがお孫さんへ手紙を送る，というシーンを考えてみよう．

　手紙には「庭の柿の木に実が付きました」「ゲートボール大会で1位になりました」というような事実が文字でつづられている．これを読んだ孫は，「ずいぶんハッスルしてるんだな」「町内の友達と仲良くやっているんだな」などのように，祖母の様子や最新の状況を理解することができる．この孫に伝わった事柄が情報にあたる．また，文字によってしたためられた手紙のことを，媒体（メディア）と呼ぶ．メディアにはやりとりされる信号を意味する場合（文字メディア，映像音声メディアなど）と，信号を伝達する道具を意味する場合（紙メディア，ネットメディアなど）の両方があるが，ここでは細かな区別は避ける．たとえば，マスメディアとは，マス＝多数の人々に情報を伝達するメディアである，ということを意味する

　情報学とは，この情報を取り扱う学問分野である．もう少し具体的にいうと，情報の生成，探索，表現，蓄積，管理，認識，分析，変換，伝達に関わる原理と技術を探求する学問である．つまり，学問分野を俯瞰する段階では，情報学にはコンピュータもネットワークも出てこない．

　具体例として，気象庁が天気予報を発表する場面を考えてみよう．気象庁は，多数の気象情報を取得するセンサー群（百葉箱のようなもの）を有しており，そのセンサーが，当地の気温・気圧・湿度・降水量・風向・風力などを取得し（認識）データ化する（生成）．それらのデータは適切な電気信号に変換され（変換），ネットワークを通じて気象庁に送信される（伝達）．気象庁ではそのデー

タをデータベースに格納（蓄積）するとともに，過去のデータを取り出して
（管理）相互にデータを比較して今後の天気を推定する（分析）．天気のデータは
たとえば気象庁のウェブページに送られ（伝達），天気予報として視聴者に見え
る形で提供したり（表現），あるいは他のシステムで，たとえば，コンビニの売
り上げ予測のためのデータとして送り出され利用されるかもしれない．このよ
うに，情報は様々な手続きを経て初めて実際の用途に供され，我々の役に立つ
ようになるわけである．

　これらの仕事は，コンピュータやネットワークのない時代から実践されてき
た．気象情報は目測で，あるいは温度計や気圧計で測定され，ノートにまとめ
られてきた．電信や電話で情報は集約され，人の手で昔のデータと比較され，
巨大なファイリングボックスに格納されてきた．予報は新聞に載り，あるいは
ラジオのアナウンサーの声に乗り，人々の手に伝えられた．現代では，これら
人手で行われてきた膨大な情報を処理する業務を，電子機器を用いて極めて効
率的に大規模に実行できるようになった．この情報を処理する装置のことを，
情報処理装置，すなわちコンピュータと呼ぶ．また，多数の情報を的確にやり
取りするための情報網もコンピュータ管理されるようになっている．このコン
ピュータ管理下にある情報網のことを情報ネットワーク，あるいは単にネット
ワークと呼ぶ．ここにきて初めて，情報学にコンピュータやネットワークが現
れる．

　情報学の詳細な分野は多岐にわたる．コンピュータつまり情報処理の原理を
探究する計算機科学分野，それらを電子機器として構築する計算機工学分野，
構築されたコンピュータを適切に動作させるソフトウェア工学分野，コン
ピュータやネットワークを人間が利活用する場面を探究する応用情報学分野，
それらの社会への影響を考える社会情報学分野などが存在し，さらに細かな研
究分野に分かれて日夜研究開発が進められている．

　地域における情報技術という観点で，以降では数理的な原理や計算機の仕組
み・構築よりもむしろ，社会実践のための知識や技術であるソフトウェア技
術・データサイエンス技術に関する分野に着目する．

1-2　地域情報学——グローバルからローカルへ——

情報技術は巨大なデータや巨大なネットワークを効率的に扱うことが得意で

ある．インターネットは全世界を包含するネットワークであり，人が一生かかっても閲覧し得ないほど大量に存在する映像や音楽，テキストに簡単に触れることができる．データは日々蓄積され，適切に利用されて新しい情報価値を生み出している．

　大量のデータは広い範囲から集められるのが普通であるため，今述べたようなグローバルな環境での利用を想定するのが一般的である．しかし，地方都市や中山間地域に代表されるローカルな地域であっても情報処理の恩恵を受けることができる「多量の」データは存在する．そして，それらを適切に利活用することで，地域の活性化に貢献することができる．

　グローバルな環境とローカルな環境の情報の違いとして，情報が地域特性に密接に関係していることがあげられる．これは，グローバルな環境の情報を用いるとその量から精緻な分析ができることに対し，ローカルな環境の情報は地域に密着しているため，その分析結果はその地域に特徴的に作用させることができるという違いがある．社会活動は人間の活動であり，人間はその場所に則した活動をするものである以上，地域の特徴を適切にとらえることが情報の利活用に大きく寄与する．グローバルな環境から得た情報は，それがいかに多量であり，精緻な分析ができるものであっても，地域に特徴的な社会活動への応用は難しい．

　たとえば，古くからある街並みが有名な観光地における人の活動は，一般的な人の活動と異なる．それは活動する人とその活動目的の違い（観光客か一般市民か），地理的特性（農林水産業などの発展度合い，都心からの距離），社会的特性（地縁が強い地域かどうか）などに影響を受ける．グローバルな情報はそれらをすべて集めてきて平均化して取り扱うため，全体の傾向を明らかにする一方で，地域特性は消えてしまう．逆にその地域から得られたローカルな情報は，その量こそ少ないものの，地域の特性に則した情報であるため，ほかの地域の情報やグローバルな情報とは異なる，その地域ならではの分析を行い，その地域の特長を強化するような利活用に資することができる．

　このように，地域の情報を適切に吸い上げ，時には他地域と，時にはグローバルな情報と比較しながら地域の特性を明らかにしつつ，地域に貢献するような情報の利活用を目指す分野を地域情報学と呼ぶ．地域情報学で用いられる情報処理技術の多くは，グローバルな情報処理技術と同じものであるが，元とな

るデータの違いにより分析手法やその適用は異なる．さらに，地域情報学は情報技術の構築のみならず，それら技術を用いて実際の情報とその分析結果をどのように地域へ還元するかまで包含する．また，複数の地域を比較することや，後の分析に耐えうるようにすることのために，格納される情報の標準化を検討することも地域情報学の大きなテーマであるといえる．

　具体的な技術として，様々なデータを実際の地図上に展開することで情報の視覚化や分析を支援する地理情報システム（Geographic Information System, GIS），地域に分散した情報を，地域の人々が利用可能な形で提供するための枠組みであるオープンデータ技術，スマートフォンなどの保持・利用状況を用いる人流の計測などがあげられる．

　さらに，地域の有するグローバルな世界に対して優位な点として，小さな規模の情報技術支援を導入するだけでも，その地域の大きさに比して高い効果やフィードバックを得られるという特徴がある．一般に情報技術に基づくシステムの開発と評価は，プロトタイプと呼ばれる簡素な仕組みを作り上げて実践し，その評価を受けて製品へと昇華することが多いが，その実践において社会へのインパクトを計測する上で，社会への評価を適切に論じるためには，出来上がった仕組みにあった規模の社会であることが望ましい．したがって，地域情報学には，最先端の技術とその価値の評価という観点で，小さくまとまった社会である地域で実践することにより，その効果を明らかにできるという側面もある．

　次節以降では，地域情報学の基盤技術である地理情報システムとオープンデータについて，具体的なシステムやデータ事例を引きながら概観し，情報技術の実践例として，観光地の人流計測と最先端技術であるロボット対話システムの導入についてみてゆこう．

第2節　地域情報学の基盤技術

2-1　地理情報システム

　地理情報システム（GIS）とは，その位置や場所に関係の深い情報を実際の地理的位置に配置することで視覚的に表示するシステムである．これにより，地理と情報を連携し，分析や判断を効率化することを目指している．地域における情報処理は，その地域の地理的特性に基づく地域ならではの分析が必要で

あり，GIS はまさにそのためのツールとして効果を発揮する．

　まずは具体的事例をみてゆこう．図 8-1 は，ESRI ジャパン株式会社の提供
する ArcGIS と呼ばれる GIS を用いた神奈川県藤沢市にある避難所の位置情報
と，首都直下型地震発生時の被害状況想定データ（内閣府首都直下地震モデル検討
会）を重ね合わせて表示したマップである．これを見ることにより，避難所の
ある場所の被害想定を見ることで，避難所施設に必要な設備や資材などを判断
することができたり，被害想定が高いにもかかわらず避難所がない地域への積
極的な防災投資の計画などをしたりすることができる．さらに，たとえば，こ
の地図に人口分布を重ねることで，避難所の規模の適切さや避難経路の混雑な
どを事前想定することができ，災害時の避難計画に役立てることもできる．

　GIS で取り扱うことができる情報は多岐にわたる．人口分布や学校などの施
設分布，高速道路や一般道路情報などの地理情報，ハザードマップや防災関連
情報，コンビニエンスストアの位置などの経済産業に関する情報など，位置を
知ることで様子を知ることができる情報が集められている．情報も単なる位置

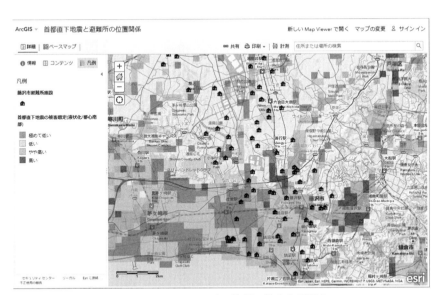

図 8-1　GIS による地理情報の統合と視覚化

出典：ESRI ジャパン株式会社 ArcGIS Web ページ．Esri Japan, Esri, HERE, Garmin, INCREMENT P,
　　USGS, METI/NASA, NGA | 首都直下地震モデル検討会.

データだけではなく，航空写真などの画像情報も含まれる．

　従前は，これらの地理的位置に関係する情報は，国が管理する情報，地方公共団体が管理する情報，地域住民や企業が収集した情報など，個々に管理されていることが多かった．そのため，それらの情報を閲覧し分析する以前に，求める情報が存在することすら知らず，場合によっては異なる組織で全く同じ情報を重複して抱えているという状況であった．そこで，それらの情報を統合することで新しい知見や分析を可能とするシステムである GIS が登場した．さらに，GIS の登場により，個々で抱えていた様々な重複情報による無駄を解決することが可能となったのである．

　2017（平成 19）年には，このような地理的情報の利活用を推進するため，その整備を計画的に推し進める法案である「地理空間情報活用推進基本法」が制定され，国土交通省が地理的情報データベースの標準化や利用可能な情報の拡大，利用啓発および推進を図っている．一般の人々に利用できるように仕組みの整備や拡大が進んできたが，昨今のスマートフォンなどの利用拡大に伴い，Web サービス上で提供される GIS を利用したサービスも様々に提供されるようになっており，現在では当たり前に使われている地図アプリケーションなどで，読者も GIS とは知らずにすでに恩恵を受けていることであろう．

　こと地域にとっては，自らの地域の特性を知るために，GIS に収集されている様々な情報の組み合わせをうまく利用することが第一歩となる．自らの地域がほかの地域と比較して特徴的であることは何か，その原因や波及効果はどのようになっているか，同様の特徴を持つほかの地域と自らの地域の違いは何か，といったことを比較分析することにより，地域にある価値を引き出すための独特の方策や定着させるための戦略などを考えるきっかけとすることができるためである．

　GIS の利用は必ずしも簡単ではないが，専門的知識が必須であるというほどは難しくない．しかも，無料で利用できる GIS も存在する（QGIS[2]，GRASS GIS[3]など）．データの充実度は有料の GIS に劣るが，コンピュータソフトウェアの世界では有志による不断の改善が行われる無償のソフトウェアが広く提供されている．まずは使ってみてその価値を実感することで，地域に役立つ情報技術の一端に触れることができるだろう．

2-2　オープンデータ

　地域に存在し，利活用を待つ情報は地理的情報だけに限らない．また，人口や施設などの大きな話に限るものではない，地域の人々は日々の生活を行っており，その生活の改善にも情報技術は応用可能である．そして，そのためには日々の生活に関わるような情報が適切に提供される必要がある．そのような潮流の中現れた考え方がオープンデータである．

　オープンデータは，主に地方公共団体などの公的組織が公表する，無償で自由に利用できるデータである．オープンデータは先に述べた人口やその年次変化のような俯瞰的データだけではなく，公衆トイレの場所や家庭ごみの収集日一覧など，生活に即したデータもオープンデータとして公開されている．例として，筆者の在住する福知山市のオープンデータの一部を **図 8-2** に示す．この図は，京都府が管理するオープンデータのデータベースである「京都府オープンデータポータルサイト KYOTO DATABASE」に掲載されたものである．

　これらのデータはただ集めただけで死蔵しても意味はなく，利用されてこその情報である．オープンデータは，様々な場面で応用しやすくするために，Microsoft 社の製品である Excel に代表される表計算ソフトウェア用のファイル形式で保存されるだけではなく，コンピュータ上のソフトウェアで取り扱いすることを目的とした形式で（たとえば，テキストで保存されていて汎用性の高い CSV，構造的にデータが蓄積できる XML 形式などで）保存されることもある．

　2016（平成 28）年には，オープンデータの提供を国または地方公共団体が推進することを義務付ける「官民データ活用推進基本法」が国会で制定され，デー

都道府県名	市区町村名	データ名称	データ概要
京都府	福知山市	【福知山市】統計書 4 府下市町村の所在地	福知山市統計書《付録》4 府下市町村の所在地
京都府	福知山市	【福知山市】統計書 5 主要年譜	福知山市統計書《付録》5 主要年譜
京都府	福知山市	【福知山市】統計書 6 福知山市行政機構図	福知山市統計書《付録》6 福知山市行政機構図
京都府	福知山市	【福知山市】消防水利施設一覧	福知山市の消防水利施設（消火栓・防火水槽）の一覧
京都府	福知山市	【福知山市】医療機関一覧	福知山市の医療機関の一覧
京都府	福知山市	【福知山市】公衆トイレ一覧	福知山市の公衆トイレの一覧
京都府	福知山市	【福知山市】介護サービス事業所一覧	福知山市の介護サービス事業所の一覧
京都府	福知山市	【福知山市】公衆無線LANアクセスポイント	福知山市の公衆無線LANアクセスポイント
京都府	福知山市	【福知山市】地域年齢別人口	福知山市の行政区毎の人口
京都府	福知山市	【福知山市】公共施設一覧	福知山市の公共施設一覧
京都府	福知山市	【福知山市】家庭ごみ収集日日程表	福知山市の自治会別家庭ごみ収集日の一覧
京都府	福知山市	【福知山市】家庭ごみの出し方	福知山市のごみの出し方
京都府	福知山市	【福知山市】子育て施設一覧	福知山市の子育て施設一覧

図 8-2　福知山市のオープンデータ一覧（一部）

出典：京都府オープンデータポータルサイト　KYOTO DATABASE.

タを隠すのではなく積極的に提供することで，地域住民や企業などでの利活用に伴う活動の活性化，およびオープンデータに基づく行政の高度化を促進することがうたわれている．直前で紹介した GIS は，様々な情報を統合的に利用するために提供されるという意味で極めて似た考えに基づいて提供されるシステムであり，GIS で運用されている，無償で利用できるような地理的情報の集合体もまた，オープンデータの一種として考えることもできる．

　具体的にこれらを利用した取り組みも存在する．地域住民の力で情報技術を応用して地域を活性化することを目的とする団体である Code for Japan [4] は，その多くのプロジェクトでオープンデータを用いている．この団体は，開かれた情報技術の利用を促進するため，オープンソースと呼ばれる，オープンデータ同様に無償で再利用および改変が可能なプログラム群を作成，提供している．それらを各地域に合わせて修正することにより，地域それぞれで利用できるオープンデータに即した，その地域の活性化に資するプログラムやアプリケーションを作成することを促進している．また，同団体は，開発プロジェクトの経験を提供するためのプロジェクト（ハッカソン）も実施しており，地域住民の手による，情報技術を用いた地域の活性化を下支えする様々な活動を行っている．

　このような環境で学んだ知識を利用して，地域住民による，その住んでいる地域名を関した Code for プロジェクトが展開されている．著者の在住する福知山市でも，福知山公立大学情報学部の学生を主体として，Code for Fukuchiyama プロジェクトチームが設立され，継続的に活動している [5]．このプロジェクトチームは，先ほど紹介した福知山市のオープンデータを利用し，ごみ収集日を管理通知するスマートフォンアプリである「5374. jp」を福知山市でも利用可能とする仕組みを開発し，運用している．また，消火栓などの消防水利の位置情報をインターネット上の地図アプリに重複表示する仕組みも提供している．

第3節　地域における情報技術の実践

3-1　観光客とのインタラクション
　ここまでは，地域の人々にも使える情報技術について述べてきた．では，最先端技術を地域の活性化に利活用した事例にはどのようなものがあるだろうか．それらに当たる事例として筆者が所属大学にて実施してきたプロジェクトを紹

図 8-3　アイデアビューア概観

筆者撮影.

介する.

　図 8-3 は，2020 年度に福知山城に設置されたアイデアビューアと呼ばれる情報提示システムである．これは，福知山市と福知山城の活性化アイデア発想のためのワークブックとして福知山公立大学地域経営学部が作成した IDEABOOK をベースにしたもので，福知山城に観光で訪れた人々に，地域の小中高校生から集められたワークブックのアイデアを一覧し，それを見た観光客から「いいね」を集めたり，観光客からさらにアイデアを提供してもらったりすることで，福知山城観光客と福知山市地域住民との間のやり取り（インタラクション）を誘発することを目指したものである．

　アイデアはふつう，ワークブックに掲載されるか，福知山城に設置されたアイデア掲載場所に付箋紙を利用して掲載される．このシステムは，それらに掲載された情報をスキャンし，肉筆の味を残したままデータとして格納する．アイデアのテーマである質問は 10 種類あり，それぞれのデータをタッチパネル式ディスプレイで左右に画面操作しながら一覧できるようになっている．このとき，一覧状態ではアイデアのすべての文面は表示されておらず，興味のあるアイデアをタップで選択したときに初めて，アイデア表示画面に内容の全体が表示されるようになっている．

　さらに，観光客は気に入ったアイデアのハートマークをタップすることで，

そのアイデアに「いいね」を投票することができる．そして，観光客が誰も操作していない場面では，この「いいね」の数が多いアイデアの中からランダムに画面表示されるようになっている．

このシステムは，単なる情報技術による目新しさを目的として提供されたものではない．つまり，観光地の見どころを増やしただけではなく，地域活性化の切り札の1つである関係人口の増加も狙っている．すなわち，単に観光に来て，一過性の観光コンテンツを眺めるだけではなく，自らがアイデアを落とし，それを地域で採用し，その結果を再来訪することで確認する，という循環と地域への深い関係性構築を期待したものとなっている．

もう1つこのシステムが興味深いところは，このシステムを作成したのが，当時新設1年目であった福知山公立大学情報学部の学生の手によるものであったということである．地域の大学が地域と交流することで，若者のアイデアや大学の知見を利活用することができるという重要な観点に加えて，大学1年生というそれほど専門技術に詳しくない学生が，地域の活性化に役立つ仕組みを十分実用できる形で開発運用できたという点も重要である．これは，情報技術が，それが最先端のものであったとしても，今では非専門家の手が届くところまで近づいてきていることを意味する．

さらに強調したいのは，本件のスピード感である．規模のさほど大きくない仕組みではあるものの，実運用するためには様々なステークホルダとの折衝が必要になることが多い，しかし，地方都市である福知山市は，ステークホルダの対応が早く，ちょっとしたことでもすぐに実践し，広報することで，開発されたシステムを素早く地域住民に還元できるというメリットがある．地域は人口や影響範囲の少なさが問題視されやすいが，それは「すぐに試してみて，すぐに反応をもらえる」ということも意味しており，この素早い開発−評価のやり取りは，情報技術を開発する上で重要であることが知られており，本プロジェクトが情報技術に基づくシステムの開発・実践環境としての地域のポテンシャルを感じられる実践例であることもうかがえる．

3-2　半自律半遠隔ロボットによる案内支援

図 8-4 は，2021 年から JR 西日本福知山駅構内に設置されたロボットである．このロボットは福知山駅改札前に設置され，「福知山城はどこ？」「京都駅はど

図 8-4　福知山駅設置の案内ロボット

筆者撮影.

の列車に乗ればいい？」などの簡単な質問を利用者が声掛けすることで，ロボットが自動的に音声で返答することができる．ロボットが理解できない難しい質問や曖昧な質問に関しては，ロボットの背後にいる駅職員がロボットに代わって回答を提供することもできる．

　このシステムは，様々なメリットを提供することができる．まず，このロボットは小型であり，ネットワークに接続されているところであればどこにでも設置できる．ふつう，鉄道路線周辺は携帯電話網が発達していることが多く，ネットワークの接続性には問題がないことが多い．そのため，無人駅のような，地方に数多く存在する対話サービスの提供が極めて難しい駅にこのロボットを設置することができる．これにより対話サービス拡大が期待される．また，本システムの背後にいるオペレータである駅職員はロボットの近くにいる必要はなく，自宅環境などからも操作対応することができる．このことは，妊産婦や怪我などで自宅から離れることが困難な人々にも仕事を実施する環境を与えることができる．特に駅係員のように，業務にかかる専門知識を持つ人物は数が少なく，自宅待機中であってもその専門知識を利活用できる環境の存在は貴重である．

　さらに重要なポイントとして，このシステムは 1 人のオペレータが同時に複数のロボットの面倒を見ることが可能となるように設計されている点が挙げら

れる．対人サービスを提供するさいの問題として，対話を受け付ける箇所には人的リソースを固定的に割り当てなければならないことがある．しかも，特に駅を通る人々が少ない場合に，そこに割り当てられた人物が必ずしも高密度に業務を遂行することは期待できない．これではリソースの無駄が発生するうえに，そもそも人口の少ない地域ではそれだけの場所に割り当てる人数を雇用することができず，サービスの提供そのものをあきらめてしまう可能性も高く，サービスの量的価値が低下してしまう．それに対し，このシステムは，利用者がそれほど多くない環境では同時に複数のロボットに話しかけられる状況が起こりづらいことを利用し，1人のオペレータが複数のロボットで利用者と対話できる仕組みを構築している．万が一，同時に話しかけてきたとしても，多くの場合はロボットが自律的に返答できる．このように，サービス価値向上のための問題をこのシステムは情報技術の力で解決している．

　このロボットの仕組みの利用は駅での案内に限らない．たとえば，その地域ならではの特産品の販売について考える．これらの多くは，1人ないしは少数の生産者による生産品が多く，それらを販売するお土産品売り場では，広告ポスターやパンフレットに依らない限り，その商品の生産の様子や詳細，商品の特徴を知ることは難しい．したがって，生産者の生の声を聴きながら商品を選ぶことができない．これは，生産者がすべての販売所に訪問することが物理的に，あるいは距離的に不可能であるためである．そこで，このロボットのオペレータ側端末を生産者側に設置することで，どの販売所で問い合わせがあったとしても即座に対応でき，生産者も購入者も満足のゆく商品選択と購入ができるようになる．1台のロボットを複数人が操作することも可能であるので，複数の商品の説明をすることもできる．具体的な金銭のやり取りはお土産品売り場の店員が行えばよい．

　このように，ある仕組みが作られ，それが実践される様子をみていくことで，様々な応用が広がることが期待できる．このロボットがそうであるように，そもそものシステム導入の目的が地域に密接に関わる問題の解決，ここでは，人口の少ない場所で対話サービスを広く提供したいというニーズを目指したものであるため，同じ地域に存在するほかの産業組織でも同様の問題を抱えていることは容易に想像できる．情報技術は複製が容易であるので，それらの支援範囲の拡大にも有用であることが期待される．

お わ り に

　地域経営における情報学，という一見かけ離れた 2 つのキーワードが，実際には極めて密接に関与することで，地域の活性化を促進することができるということを，複数の事例を交えてここまでみてきた．テレビニュースや新聞では華やかな技術として，ともすれば雲の上の存在のように見える情報技術であるが，実は地域での利活用は，技術を開発する側と利用する地域の双方にメリットのある今後拡大が期待される分野であるといえる．

　また，情報技術の拡大にともない，一般の地域住民にも取り扱えるような段階まで情報技術が広まってきていることもみてきた．全ての地域住民が当たり前に技術を扱いその価値を享受できる，という段階にはまだほど遠く，仕組みづくりをするためにはまだ多くのことを学ばなければならないのは事実であるが，学ぶべきことは整理され，すでに手に届くところに来ており，また，すぐに動作する仕組みを簡便に，無償で利用できることも述べてきた．一方で，ロボットに代表される最先端技術の地域での利活用についてもふれ，それらが地域の諸問題にどのようにアプローチしているかもみてきた．本章で述べたプロジェクトは発展途上のものであり，さらなる改善と進展は筆者らプロジェクト実施者への重要な課題となっている．

　本章は，地域での情報技術の利活用が今後さらに進展し，地域発の価値を数多くメリット高く生み出せることができるように，その手がかりとなるキーワードと事例紹介，つまり情報を提供してきた．情報を集めたり分析したりするのは情報技術の得意分野である．実際にこの文章もノートパソコンの上でワープロソフトにより作成されたものである．しかし，分析結果や蓄積された情報をいかに利用するかは，人工知能華やかなりし現在も未だ人の手にゆだねられている．いかに本章の情報を利用されるかは，地域にお住いの読者諸氏次第であることをぜひ心に留めていただき，これからの地域社会のよりよい未来を創造していただきたく，本章執筆者として今後に期待している．

注
1 ）　https://www.esrij.com/products/arcgis/（2022 年 3 月 23 日閲覧）.

2 ） https://qgis.org/ja/site/（2022 年 3 月 23 日閲覧）.

3 ） https://grass.osgeo.org/（2022 年 3 月 23 日閲覧）.

4 ） https://www.code4japan.org （2022 年 3 月 23 日閲覧）.

5 ） https://sites.google.com/view/codeforfukuchiyama/（2022 年 3 月 23 日閲覧）.

第9章 地域経営における文化・観光政策
——京都府北部地域を事例に——

滋 野 浩 毅

は じ め に

　21 世紀に入り，日本の観光は活況を呈し，全国の観光地は多くの観光客でにぎわいをみせていた．とりわけ 2015 年ごろからはインバウンドが活況を呈し，京都などの有名観光地においては，観光客の増大に伴い，観光客，地域住民の双方に対し悪影響を及ぼす「オーバーツーリズム」の状況がみられた．

　全国的な観光振興への関心の高まりは，政府が 2003 年に「観光立国宣言」を発表したのを機に，対外的には「ビジット・ジャパン・キャンペーン」をはじめとする観光プロモーション戦略を，また国内では「観光立国推進基本法」(1962 年制定の「観光基本法」を全面改正．2006 年 12 月成立，2007 年 1 月施行) が制定され，各地域で観光振興に向けた施策や事業が活発になってきたことが大きい．その結果，各地で観光による賑わいが創出され，地域経済を潤すばかりでなく，地域住民のシビックプライド醸成にも大きく寄与したといえる．しかし，2020 年を皮切りに，世界中を襲った新型コロナウイルス (Covid-19) のパンデミックにより，国際観光はもとより，国内の観光もほぼ "消滅" し，その先を見通せていない．

　観光振興のためには，地域資源を磨き上げ，発信することが肝要である．したがって，観光政策には当然文化政策の要素も含まれる．ところが，今日の地方都市・農山漁村の文化環境を見ると，あらゆる困難な状況が見受けられる．まず，地域で守られてきた伝統文化・伝統芸能の担い手不足や後継者問題がある．次に文化施設の廃止や統廃合によってアクセスが困難になったことがある．そして，話題の公演や展示，あるいは上質の文化に触れようと思えば大都市部に行かなければならないことがある．こうした問題は，地域における文化の創

造や享受を困難にし，それは人口流出の遠因になっているともいえる[1]．

　また，平田オリザは，ロードサイドや郊外のショッピングセンターだけがに
ぎわう地方都市の風景が画一化していることや，「すぐに，確実に売れるもの
しか置けない」本屋しかない状況を憂いている．またユニークで上質な教育を
受ける機会においても都市と地方との格差があることを指摘している（平田
2013）．すなわち，ブルデューのいう「文化資本」が偏在しており，大都市居
住の子どもたちは，幼少期より身につける環境がそろっている一方で，地方の
子どもたちは，そこに生まれ落ちた時点ですでに文化資本に差がついている．
こうした文化資本の地域間格差について問題視している（平田 2013）．こうし
た環境下では，新たな文化や創造的な活動は生まれにくいし，もし仮に生まれ
たとしても，自ら表現したい，質の高い文化に触れたいという人は地域から流
出しかねない．

　本章では，こうした観光政策並びに観光まちづくり，いわば地域の観光を考
え，推進する上で重要となってくる地域の観光経営，マネジメントの観点から
各地に誕生している DMO（Destination Management/Marketing Organization）の意
義と課題，観光まちづくりにおける市民の創造的な取組やその担い手について
事例を交えながら考察する．それらをまとめ，地域文化を踏まえた，これから
の地域の観光まちづくり，観光政策について考えてみたい．

第1節　地域振興策としての観光振興

1-1　「観光立国宣言」と地域の観光振興

　日本において，観光が国の主要な政策課題として取り組まれたのは，先述の
通り，2003 年 1 月に，小泉純一郎首相（当時）が施政方針演説において，当時
500 万人であった訪日外国人観光客を，2010 年までに倍増させるとの目標を示
したのが始まりである[2]．その後，2007 年に施行された観光立国推進基本法の
規定に基づき，同年 6 月に閣議決定された観光立国推進基本計画では，① 国
民の国内旅行および外国人の訪日旅行を拡大するとともに，国民の海外旅行を
発展，② 将来にわたる豊かな国民生活の実現のため，観光の持続的な発展を
推進，③ 地域住民が誇りと愛着を持つことのできる活力に満ちた地域社会を
実現，④ 国際社会における名誉ある地位の確立のため，平和国家日本のソフ

トパワーの強化に貢献，という基本方針のもと，訪日外国人観光客数を 2010
（平成 22）年までに 1000 万人，国際会議の開催件数を 2011（平成 23）年までに 5
割増，日本人の国内観光旅行における宿泊数を 2010（平成 22）年度までにもう
1 泊増やし年間 4 泊に，日本人の海外旅行者数を 2010（平成 22）年までに 2000
万人に，国内における観光消費額を 2010（平成 22）年度までに 30 兆円にする
という数値目標を掲げ，国を挙げての観光推進に取り組んできた.[3] 途中，リー
マンショックや東日本大震災による観光の落ち込みはあったものの，2016 年
には，外国人旅行者数は 2404 万人に，また訪日外国人旅行消費額は 3 兆 7476
億円に達し，「インバウンド観光ブーム」が巻き起こった.　しかし，東京や大
阪といった大都市では「爆買い」現象や違法民泊の増加といった，地域住民の
不安を煽る様相を呈したのもこのころであった.

　一方，地方部における観光の様相はどうであったか.　従来の産業が停滞し，
人口減少が続く中，各自治体では，「観光振興」を地域活性化の目玉として，
観光政策に力を入れ出していた.　中には地域の個性を活かした観光振興の取組
もみられるものの，一方で，「ゆるキャラ」や「B 級グルメ」づくり，あるい
はドラマの誘致活動といった，ありきたりな取組も少なくない.

1-2　日本版 DMO の導入と地域の観光

1-2-1　DMO 導入の背景

　DMO とは，「Destination Management/Marketing Organization」の略で，
欧米やオセアニアなどの観光先進諸国において，観光地経営と観光マーケティ
ングを担う観光地域振興の中核に位置づけられる組織として発展してきた.[4]

　日本において，政府が初めて DMO について言及したのは 2014 年，「まち・
ひと・しごと創世総合戦略 2014」の中で「各地域の特性を生かして，地域ご
とに複数の主体の合意形成を行い，定量的・客観的なデータ分析に基づく地域
課題の抽出等による戦略的なマーケティング，PDCA サイクルによる効率的
な事業を継続的に推進する主体（日本版 DMO）が必要である」であることを指
摘したことが始まりである.[5] また翌 2015 年には，『「日本再興戦略」改訂 2015』
の中で「日本の観光のトップランナーとしてふさわしい地域の中から世界に通
用する観光地域づくりとマーケティングを行う官民一体の観光地経営（日本版
DMO）を選定し，政策資源を集中的に投入する」方針を打ち出している（大社

2018).

　これまで，日本の観光振興は，地方自治体とその外郭団体としての観光協会あるいは観光連盟によって担われてきた（高橋 2017）．しかし，1990 年代の後半から日本人の旅行市場がその成長に陰りをみせ始め，21 世紀に入ると旅行者数が縮小に転じ始めたこと，一方で訪日外国人観光客が増加し，旅行消費額が伸びてきたとはいえ，日本での訪問先は限定的で，それ以外の地方へ呼び込む流れを作っていくためにはインバウンド対応ができるマーケティングと受入体制の整備と地域のマネジメント構造の転換が求められてきたこと，そして，観光客の受入環境の整備に関する行政負担の増加（高橋 2017）が，DMO が必要とされるようになってきた背景である．また，こうした地域の観光振興のあり方に変化が生じてきた中で，その変化への対応を確実なものとするためには，従来型の観光振興では限界があり，「観光地経営」という考え方が求められるようになってきたことがある．このように，人口減少，少子高齢化，地域経済の不振といった，地方都市，農山漁村の衰退，縮小といった課題に対し，地域への誘客を促し，旅行消費の拡大や観光関連の雇用増大による地域経済の拡大を目指すという狙いがある．観光立国を目指す日本の地域づくり，DMO 導入の動きは，国内旅行市場の縮小と増大するインバウンドのへの対応における従来の観光振興の限界，そして地方創生の文脈上にあるといえる．

1-2-2　京都府内の DMO

　日本における DMO は，「観光地域づくり法人」と称し，地域において，観光地域づくり法人の役割・機能を担おうとする法人が，「観光地域づくり法人形成・確立計画」を作成し，地方公共団体と連名で観光庁に提出することで，DMO として登録される．DMO 登録のためには，① 観光地域づくり法人（DMO）を中心として観光地域づくりを行うことについての多様な関係者の合意形成，② データの継続的な収集，戦略の策定，KPI の設定，PDCA サイクルの確立，③ 関係者が実施する観光関連事業と戦略の整合性に関する調整，仕組み作り，プロモーション，④ 法人格の取得，責任者の明確化，データ収集・分析などの専門人材の確保，⑤ 安定的な運営資金の確保の 5 条件が求められる．また，登録 DMO には，「広域連携 DMO」「地域連携 DMO」「地域DMO」の 3 種類があり，2021 年 8 月 5 日現在で，それぞれ 10 件，91 件，96件の計 197 件が登録されている．[7) 京都府内における登録 DMO（広域連携 DMO

を除く）は，（一社）京都府北部地域連携都市圏振興社（海の京都 DMO），（一社）森の京都地域振興社（森の京都 DMO），（一社）京都山城地域振興社（お茶の京都 DMO）（以上，地域連携 DMO）と，（公社）京都市観光協会（地域 DMO），（一社）南丹市美山観光まちづくり協会（地域 DMO）の 5 団体である．

1-2-3　DMO の課題

日本における観光を取り巻く環境の変化と，国の地方創生の文脈をふまえ，海外における DMO の華々しい成功事例などを参考に誕生したのが「日本版 DMO」であることは，すでに述べた．だが，DMO は，地域の観光振興や観光まちづくりにおける諸問題を全て解決する組織となりうるのだろうか．

敷田麻実は，それまで在野の活動であった観光まちづくりが市場化し，さらに国による管理に飲み込まれることは，観光地域ガバナンス[8]の観点から疑問を呈している（敷田 2021）．宮本茂樹は，DMO に新しい人材を投入しても，そこに適正な人材育成の仕組みがなければ「働かない労働力」になってしまう危険性があると，人材育成の重要性を指摘している（宮本 2021）．

また，DMO についての言及ではないが，片山泰輔は，観光産業を観光目的に直接関わる産業を「観光目的産業」，観光目的を実現するために利用する交通手段や宿泊施設，旅行業などを「観光手段産業」と分類している．そして前者には，国立公園の管理，文化施設，文化財の保存や公開，芸術文化の創造発信といった文化セクターが含まれるが，観光政策は，旧運輸省の流れを汲む観光庁が所管していることもあり，「観光手段産業」のみに焦点があたっている傾向があることを指摘している．しかし，博物館や芸術祭実行委員会も観光の推進に不可欠な産業であり，その状況をきちんと把握し，発展を促していく必要がある（片山 2019）と，DMO を推進する国や地方自治体の観光行政が見落としがちな観点について述べるとともに，観光（産業）の主体としての文化セクターの役割を述べている．

このように，地域の観光振興，観光まちづくりに求められるのは，地域の人材および多様な主体と，彼らが自律的かつ創造的に動くことのできる環境である．ややもすると，「日本版 DMO」は，行政，観光事業者，宿泊事業者，運輸事業者，地域の観光協会など，「公式」の組織やその代表者を並べただけになっているところも見受けられ，「在野」の人材活用や多様な観光に関するアクターとの協働，そして地域観光の構成員が自律的かつ創造的に動くことが難

しい組織体制になっていることが課題であるといえる.

第2節　地方都市の観光振興
――京都府福知山市の事例を中心に――

　ここでは,京都府福知山市および綾部市における 2010 年前後からの官民における観光振興に関する取組事例を筆者の経験を交えながら述べていく.

　筆者は,2008 年度に週 1 回,非常勤講師として出講したのを皮切りに,翌 2009 年 4 月から 2015 年 3 月まで,福知山市で大学教員生活を送った.合わせて,中心市街地活性化や過疎化した農山村地域などをフィールドに,京都府,兵庫県の北部,いわゆる「北近畿地域」をくまなく回る経験ができた.折しも,筆者がこの地域に暮らした時期は,日本全体が人口減少局面に入り,少子高齢化のさらなる進展,地方都市や農山漁村部の衰退が顕著となり,日本創成会議が,2010 年から 2040 年までの 30 年間で,20〜39 歳の女性人口が半分以下に減少すると予測される「消滅可能性都市」を発表,2014 年に政府が「地方創生」の掛け声のもと「まち・ひと・しごと創生法」を公布した時期とほぼ重なる.すなわち,この時期の福知山市,綾部市の事例は,人口減少社会における地方都市の,地域振興,観光振興に向けた取組のダイナミズムを伝えることができると考える.

2-1　福知山市と綾部市の概要

　京都府福知山市と綾部市は,京都府の北中部に位置する福知山盆地に隣接する小都市であり,盆地の東から西にかけて由良川が貫流している.由良川の流れは,福知山市市街地付近で東西から北へと流れを転じ,また高低差が小さいため,これまでしばしば水害に見舞われた.また,盆地地形のため秋冬には霧が発生することが多い.人口はそれぞれ約 7 万 7000 人,3 万 1000 人である(2021 年 9 月現在).

　福知山市は,16 世紀に明智光秀が丹波を平定し,福知山城を築いてからは,城下町として発展し,今もなお,町割りや地名に城下町の名残を残す.明智光秀は由良川の治水,福知山の築城など,当地で善政を敷いたこともあり,光秀を祀る御霊神社が中心市街地に存在し,福知山市民から熱い信望を集めている.

また，古くは由良川の水運，但馬・丹後と京都を結ぶ街道の宿場町として，近代以降は鉄道の結節点となる交通の要衝として栄え，商工業が発達した．

近年は，2013〜2017年の合計特殊出生率が本州3位となる2.02という結果や，肉やスイーツといったグルメの存在，自然と便利さを兼ね備えた，暮らしやすさをアピールするための「いがいと！福知山」というシティプロモーションの展開や，2020年1月に明智光秀を主人公としたNHK大河ドラマ「麒麟がくる」が放映されるなど，地域としての認知度も上がっている．

綾部市は，宗教大本の聖地，グンゼ発祥の地，合気道発祥の地として知られ，1950年に全国に先駆け，世界連邦都市宣言を行った．また，いわゆる「限界集落」を「水源の里」と呼び，その支援と活性化を目的とした条例である「水源の里条例」を2007年に施行し，「全国水源の里連絡協議会」の事務局を綾部市役所内に置いている．また，今日の地方創生が始まるより前の，比較的早い時期から移住定住促進政策を実施しており，移住者のパーソナリティや取組に惹かれて移住をする人もあり，「人が人を呼ぶ」ような移住のスタイルや地域活性化の取組も散見できる．

2-2　福知山市のまちづくりと観光の経緯──2000年以降を中心に──

福知山市の観光振興体制は，1949（昭和24）年に福知山観光協会が発足したのが始まりである．その後，2006年の三和町，夜久野町，大江町の合併に伴い，三和支部，夜久野支部，大江支部を含む新しい福知山観光協会としてスタートし，現在に至る．

古くは，この地域に古くから伝わる盆踊りである福知山音頭を踊る「福知山ドッコイセまつり」や，同時期に開催される「ドッコイセ福知山花火大会」（1932年開始，爆発事故の発生した2013年をもって無期限休止）が知られていた．その後，1986年に福知山城天守閣の復元・竣工，1991年の第1回福知山マラソンの開催，1993年に旧大江町に開館した「日本の鬼の交流博物館」，1998年にオープンした「福知山鉄道館ポッポランド」など，数々の観光イベントの開始，観光施設のオープンがあった．このように，周辺地域からの参加，来場を想定した観光施設や観光イベントは存在したものの，商工業や農業の発達，また1960年代ごろまでは，「三丹播若」（丹波，丹後，但馬，播磨，若狭＝京都府・兵庫県北中部，福井県若狭地方）と呼ばれる，北近畿地方の結節地域として，人や物資

の集積で賑わった．そのため，特段，まちづくりや観光振興に力を入れる必然性は薄かった．

　しかし，1970 年代以降，モータリゼーションの進展，道路網の整備により，人々の行動範囲が拡大，かつ変化し，福知山の結節地域としての機能は失われていった．中心市街地は，かつては北近畿地域の商業の中心として大いに賑わっていたが，1990 年代半ば以降，規制緩和により郊外に大型商業施設の建設が相次いだことで，客足を奪われ，かつ周辺市町にも商業施設などが開店する中，相対的に拠点性が薄れる中で，中心市街地の商店街は「シャッター通り」と化していた．

　こうした中，2000 年には，旧中心市街地活性化法に基づく TMO（Town Management Organization）が設置され，商業の活性化による中心市街地活性化が目指されたが，目立った成果を上げることができなかった．

　そこで，2006 年に改正となった，新しい中心市街地活性化法による，中心市街地活性化基本計画の国の認定を受けるべく，市，商工会議所などが中心となり動き始める．

　市街地の活性化を行っていくにあたり，駐車場の運営管理を行う第 3 セクターの内部にまちづくり会社部門を設置し，公共施設の再開発といったハード事業とまちなかの賑わいづくりのソフト事業を組み合わせた計画が策定されていた．計画を進めていくため，2008 年 11 月，専任のタウンマネージャーを雇用したものの，1 年未満での交代が相次ぎ，基本計画も認定されない状態が続いていた．

　2010 年，各地で中心市街地活性化の実績を持つタウンマネージャーを新たに雇用し，また駐車場運営会社を「福知山まちづくり株式会社」と社名変更，さらに基本計画の内容を刷新して申請したところ，2011 年 3 月，中心市街地活性化基本計画の認定がなされた．この基本計画では，中心市街地活性化のための基本方針の 1 つに「城下町ならではの地域資源を活かしたまちなか観光の促進〈まちなか観光拠点づくり〉」が掲げられた．具体的には城下町の景観修復のために老朽化したアーケードの撤去や，歴史的な町家・まちなみ保全と，レストランやカフェ，特産品を備えた物販店やギャラリーを開設し，あわせて観光ボランティアガイドなどのソフト事業を組み合わせた，まちなか観光の魅力づくりを行い，「歩いて楽しいまちなか観光」を創り上げることによって，

市民はもちろん，来街者にとっても「訪ねてみたい」と思わせる魅力あるまちとなることを目指すと記されている（福知山市 2011）．

2012 年 4 月，同市の観光の中心ともいえる福知山城の東側にあった市民プール跡地を再開発し，市内の飲食店や物販店がテナントとして入居し，合わせて賑わいづくりの拠点として公園型複合施設「ゆらのガーデン」がオープンした．「ゆらのガーデン」は，ガーデン空間に，ゆったりと建物を配置し，そこに 7 つの店舗をテナントミックスすることにより，市街地活性化と福知山城と含めた市内の観光拠点として人気を集めている．オープンして 1 年後の 2013 年 9 月の台風 18 号で一部店舗が浸水，その翌年の 2014 年，福知山を襲った豪雨により全店舗が浸水被害に見舞われ，4 店が撤退という事態に陥った．そこで新規店舗を募り，営業を再開したのは 2015 年 5 月のことであった[10]．また，2018 年 7 月豪雨でも浸水被害に見舞われ，7 店舗中 5 店舗が被災したが，このときの営業再開は迅速で，同年中には営業を再開している[11]．

現在では，食事や憩いの場としてだけでなく，ガーデンスペースの活用や，ガーデニングを学びながら市民と共に「作り上げていく場」として地域住民，観光客が集まる場所になっており，観光・交流拠点として機能しているといえよう．

中心市街地商店街の大きな動きとしては，広小路商店街のアーケード撤去である．広小路通は車道 2 車線の両側に歩道があり，そこに商店街が形成されている．また明智光秀を祀る御霊神社や商工会議所などが入居する商工会館が存在し，春には「福知山お城まつり」，夏には「福知山ドッコイセまつり」のメイン会場にとなるなど，「メインストリート」の 1 つといえる．だが，筆者が福知山に赴任したころにはすでに活力は失われ，空き店舗も目立っていた．また，歩道を覆う古いアーケードのため，昼間でも薄暗い印象のある通りであった（図 9-1）．

そこで，中心市街地活性化基本計画の事業として，2012 年，アーケードが撤去され，同時にまちなみの修景が図られ，そこに 5 軒のテナントミックスが図られることで，それまでの風景から一変している（図 9-2）．

2-3　観光振興に資する官民の動き

さて，福知山市が中心市街地活性化を目指し始めたころの，観光政策，そし

図 9-1　アーケード撤去前の広小路商店街

筆者撮影.

図 9-2　アーケードが撤去され修景が施
　　　　された広小路通り

筆者撮影.

て事業者や市民による観光振興の動きはどうであったか.

　市内の洋菓子店出身のショコラティエが,「ワールドチョコレートマスター
ズ 2007 フランスパリ世界大会」において世界 1 位, 総合優勝を飾った[12]ことで
市内は沸き立ち, それをきっかけに福知山には和洋菓子店が多く存在すること

に着目し，「スイーツのまち」としてアピールを始めた．また筆者は 2008 年度に「まちなかスイーツめぐり」のガイド役として，市内中心市街地に立地する和洋菓子店やカフェなどを数軒めぐり，参加者に試食を楽しんでもらいながら，福知山の中心市街地の魅力，そしてスイーツの存在を知ってもらった．

　その後，「スイーツのまち・福知山」の認知度は高まり，福知山市は，2013年 5 月に「丹波福知山スイーツフェスティバル」を開催した．京都府を中心に始まった，京都府北部 5 市 2 町を対象とした観光プロモーション「海の京都」では，福知山市のテーマとして「城とスイーツ」が掲げられ，また，「1 本 1万円を超える栗のケーキ」「こだわり店主が作るバウムクーヘン」「明智光秀が好きすぎる洋菓子店が作るプリン」など，メディアを通じて話題となり，名実ともに「スイーツ」をテーマとした観光が広まっていった．

　また，筆者が福知山に滞在したころ，地元商業者やアーティスト，まちづくりに関心のある主婦など，有志でまちづくりを行うグループ「福知山味趣覧会」が立ち上がり，筆者もメンバーとして活動に参加した．そこでは行政や観光協会などが発行するものとは異なる自分たちの目線で店舗をセレクトし，取材，編集，スポンサー集めまで手弁当で作成した「ランチガイド」や「晩ごはんガイド」，また福知山のスイーツ人気に着目し作成したスイーツマップ「福知山美味にございます」などを作成した．また，こうしたガイドを活用したミニツアーを企画し，好評を博すなど，楽しみながら観光まちづくりに取り組んでいた．

　もう 1 つの観光コンテンツとしての「福知山城」に関することについて述べる．福知山城は，1986 年，市民の「瓦 1 枚運動」などの取組により，天守閣が復元された．先にも述べたように，明智光秀によって築城されたこともあり，福知山市民にとっては，まちのシンボルであり，誇りとなっている．

　お城の名前を冠するイベントといえば，毎年 4 月に開催される「福知山お城まつり」である[13]．1950 年に始まる「商工観光まつり」がそのルーツであり，その後，幾度か名称を変更したが，天守閣が再建されたのを機に，1987 年に「福知山お城まつり」と改称され，現在に至る．福知山城や御霊公園をメイン会場に，食のブースやステージショー，パレードなどが主な内容である．

　2009 年に発足した「福知山観光ガイドの会」も JR 西日本の「DISCOVER WEST ハイキング」としてまち歩きツアーのガイドなどを行っており，福知

山城はコース中，外せないスポットとなっている．

　有志による取組として，「丹波福知山手づくり甲冑隊」がある．これは，手づくり甲冑を着た隊長の寺本吉勝さんが，福知山マラソンの応援を始めたことが発足のきっかけである．それを知った福知山市が，甲冑隊の結成を提案し，2011年秋に，手づくり甲冑教室が開かれ，受講した14人で隊を立ち上げたのが始まりである．その後，市内外のイベントに参加したり，大河ドラマの誘致活動に取り組んだことにより，明智光秀をテーマとした大河ドラマの決定に大きく貢献したのだという[14]．

　この，大河ドラマの誘致だが，そのきっかけは，ドラマ放映開始から20年以上前，1999年に開催した福知山青年会議所の発足35周年記念事業にさかのぼる．これからの福知山のまちづくりをどうするか議論する中で，福知山のアイデンティティが欲しいということで，明智光秀を大河ドラマで取り上げてもらう活動をすることを決めたのが始まりである（福島 2020）．

　2020年1月，大河ドラマ「麒麟がくる」の放映開始を契機に2020年1月11日から2021年2月7日まで，福知山市佐藤太清記念美術館に「福知山光秀ミュージアム」が開館され，途中，新型コロナウイルスの感染拡大により，2020年3月11日から5月31日までの82日間の臨時休館を挟んだものの，期間中9万人を超える入館者があったという[15]．

2-4　福知山ワンダーマーケット

　福知山ワンダーマーケットは，2016年10月に始まった，毎月第4日曜日に開催されている定期市である．中心市街地の商店街の1つ，新町商店街のアーケードの下で，商店の軒先などを借りながら，こだわりを持って制作，セレクトされた日用雑貨やクラフト，食品の販売，飲食の提供などがなされている．

　運営は福知山ワンダーマーケット実行委員会で，メンバーは，地元出身者，U・Iターン者が入り混じり，また職業もサラリーマン，自営業者，主婦，農家，大学教員，公務員と多彩である．

　福知山ワンダーマーケットは，福知山市を中心に，多くの来場者を集め，また出店者もリピーターを獲得しているが，当初は，商店街の店舗は「様子見」であった．だが，回を重ねるうちに，マーケットの時にシャッターを開けてくれたり，スペースを提供してくれたり，宣伝をしてくれるなど，徐々に協力し

てくれるところも出てきた.

　2019 年 4 月，30 年以上空き店舗となっていた元紳士服店の建物が厨房付きレンタルスペースとしてオープンした. これが「アーキテンポ」である. 改修にあたり，助成金とクラウドファンディングで資金調達し，設計は京都工芸繊維大学で建築を学ぶ学生が担当，掃除や改修はメンバーなどが行いながら，まさに「手づくり」で作り上げていった.

　2021 年現在，福知山ワンダーマーケットは新型コロナウイルスの影響により，定期開催の休止を余儀なくされている. だが，多くのアクターがアイデア出しから始め，協働しながら企画，運営，そして建物の改修まで行うというプロセスが，少しずつであるが商店街を動かし，地域に活力を与え，多くのファンを獲得し始めていることは事実である.

　このように福知山では，2010 年ごろから，行政や経済団体，観光協会による観光振興と並行して，市民による，手作りの観光まちづくりが活発になっていた. これは福知山市の市街地ばかりでなく，旧 3 町においても，地域の有志が，地域づくりや観光まちづくりを行うことが目立ってきた. この源流は，1999 年に商店主や主婦，退職教員，公務員，史談会メンバー，絵画教室の講師，大学教員などが集まり設立された「城下町を考える会」などにみることができるが，このころになると，従来まちづくりを担ってきた層の世代交代や，若手商業者の台頭，移住や転勤などで福知山にやってきた人，そして 2016 年の福知山公立大学開校後は学生や教員，そしてそのネットワークなど，観光まちづくりにおける新たなアクターが加わることになった. 一方，行政や観光協会などの政策も，担当者が若手や中堅に移っていくことに伴い，少しずつ現代的な要素を取り込み出した. そのことによって，それまでとは少しテイストの異なるまちづくりや観光振興の動きが見え出してきたとみることができよう.

2-5　綾部での動き

　綾部では，筆者が最初に訪れた 2008 年，中心市街地の大本通り商店街に町家を改築したイベントや飲食スペース「扇屋懐古亭」があった. ここには，綾部を中心に，福知山や舞鶴などから，食の安心安全や自然と調和した暮らしを実践するといった「高い感性」の人たちが集まっており，極めてクリエイティブな空間があった. 大本通り商店街であるここには，趣のある町家が残ってお

り，2011 年に近隣の町家 7 軒で「あやべ町屋倶楽部」を立ち上げ，イベント などを催している[17]．綾部の市街地はかつて，旅館や料亭が軒を連ねており，花街であった月見町にはその面影も残る．一方，農村部に行くと農家民泊が至る所にあり，それぞれの宿の主人のこだわりや個性を感じさせるしつらえやもてなしを味わうことができる．

　市北西部の志賀郷地区では，2010 年 4 月から 2012 年 3 月まで，毎月第 3 土曜日に「三土市」が開催されていた．「三土市」は，移住者が増えていた志賀郷地区で，米農家の井上吉夫さんが代表となって，若手の住民たちと実行委員会を作り，地元住民と移住者との交流を兼ねた手づくり市として始まった．そこに綾部市内や周辺地域から飲食やクラフト，野菜などの出店者が農機具倉庫跡や公民館前に店を出し，そこには地域住民ばかりでなく，周辺地域からやってくる人たちで賑わっていた．

　綾部らしい観光スタイルの提案として「天職観光」がある．「天職観光」とは，2013 年に大阪から移住し，ゲストハウスと旅行業を営む工忠さん夫妻が始めた企画である．通常の観光のような「観光地巡り」ではなく，綾部を始めとする北近畿地域に住む「人」と出会い，その人たちの生き方に触れながら，自らを見つめ直すという内省型の旅の形である．この「天職観光」の概念は「半農半 X」[18]で知られる塩見直紀さんが提唱したものだが，出会った人の生き方に触れることによって，その人が住む地域への関心へとつながるのであろう．

　綾部の動きは福知山とは異なり，多様なアクターがダイナミックに動いているわけではない．しかし，自らのライフスタイルや価値観などを大切にしながら，取組を深化させることで，それに共感する人を惹きつけるような地域づくりに特徴がある．そしてそのことは，かつて塩見直紀さんが綾部に在住していたころ，「半農半 X」に共感した人が海外から綾部に訪れたり，コロナ禍前には，工忠さんが営むゲストハウスに長期間滞在する外国人観光客の姿がみられた．綾部の観光は，コンセプト，価値観への共感，人の魅力を頼りに，近隣地域だけでなく，時には海外からも人を引き寄せることが特徴といえるだろう．

第 3 節　観光振興・観光まちづくりの取組と観光人材の役割

　福知山は，その観光資源として着目したのが，福知山城を中心とした名所旧

跡やスイーツなどの食であり[19]，その手法は，イベントの実施やテレビドラマの誘致活動といったオーソドックスなものであり，目新しいものではない．しかし福知山の観光まちづくり，観光振興のユニークなところは，城下町を考える会，福知山味趣覧会，丹波福知山手づくり甲冑隊，福知山ワンダーマーケット実行委員会など，（呼びかけは行政側からであったかもしれないが）市民の有志，あるいは個々の商業者といった，いわば「在野」の人材が観光のアクターとして活躍し，行政や企業，経済団体，観光協会といった「公式の」観光のアクターが進める施策や事業に参加したり，時に協働したりしながら進んでいることである．そして観光対象やその取組が，マスメディアを通じて広がっていった．また福知山市は 2018 年に，シティプロモーション「いがいと！福知山」を開始し，「＃いがいと！福知山」というハッシュタグをつけて，市民や観光客がSNS で，福知山の「意外と（良いもの，面白いことなど）」を情報発信する過程で，市民はこれまで気づかなかったまちの魅力を再発見し，また観光客は観光経験を発信していったのである．

　綾部は，古くからグンゼをはじめとする地元企業，近年は綾部工業団地に立地する企業も含め，製造業の占める割合が比較的高く[20]，また，「天守閣のある城」や「食」といったわかりやすい観光資源が少ないこともあり，「観光を目的に訪れる場所ではない」というイメージを周辺からも持たれているし，地域住民も持っている．だが，2000 年代半ばあたりから，移住定住の対象としての綾部が着目されたり，「半農半 X」に憧れた人たちが国内外から訪れるようになった．綾部では古くから大本の存在や，世界連邦の考え，グンゼの創業者・波多野鶴吉の哲学など，人々の精神や内面と向き合うような文化がある．こうした綾部の「市民文化」と移住者や来訪者とが出会うことにより，新たな市民文化を創造する可能性はある．実際，過疎地域の住民が，都市部からやってくるボランティアによって農作業や集落整備がなされることによって「生」を取り戻したり，移住者たちが，メッセージ性の強い映画の観賞会を主催し，持続可能な生活について考えてもらうといった人の内面に訴えかけるような交流が行われているのが特徴である．

　福知山市の観光消費額は 2013 年に策定された「海の京都」構想以降，2015年をターゲットイヤーとして，対象地域の観光キャンペーンを展開したこと，また 2018 年に明智光秀をテーマとした大河ドラマ「麒麟がくる」が 2020 年に

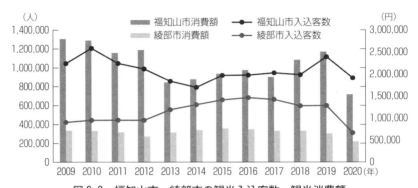

図 9-3　福知山市・綾部市の観光入込客数・観光消費額

出典：京都府商工労働観光部『京都府域観光入込客等調査報告書』等より，筆者作成.

放映されることが発表されるなど，追い風が吹いたこともあり，2019 年度ま
では順調な伸びをみせていた．また観光入込客数もドラマ放映 1 年前の 2019
年には大きな伸びをみせている．

　一方，綾部市は，2012 年以降，観光入込客数は緩やかな上昇カーブを描い
ているものの，観光消費額はほぼ横ばいである（図 9-3）.

　だが，コロナ禍において，観光客をはじめとする人の移動は，感染拡大前の
状態に戻るのにはかなりの時間を要するであろうし，そもそも観光の形態その
ものが今後変化していく可能性がある．大河ドラマの放映も終了した現在，そ
して今後においては，観光客数や消費額といった量的な目標のみにとらわれる
のは得策とはいえないし，何よりも地域の特性や文化，そして何よりも観光人
材をないがしろにした観光振興，観光まちづくりは避けなければならないだろ
う.

お わ り に
　　——2つのまちの比較から見るこれからの地域の文化・観光政策——

　これまで，京都府北部の福知山市，綾部市という 2 つの地方都市における，
観光振興，観光まちづくりについて述べてきた．両者を比較し，これからの観
光振興，観光まちづくりを考える中で明らかになったのは次のことである．ま
ず，地方都市の人口減少・少子高齢化の中で，地域経済活性化と交流人口拡大

のために観光振興に注力しだしていることである．次に予算や人材が限られ，行政や観光協会など，自治体レベルでの観光振興が限界を期待している中で，DMO による戦略とエビデンスに基づいた「観光地経営」という考え方，手法は，好む，好まざるに関わらず重要になってくることである．それは，単に観光客数や観光消費額の増加といった量的な観光振興ばかりでなく，コロナ禍前に京都市内などで発生したオーバーツーリズムを防いだり，観光事業者や旅行商品の質を担保したりというように，観光を適正に「マネジメントする」ためにも必要だからである．また，新型コロナウイルスのような感染症の拡大リスクが今後ついて回る中で，様々なリスク管理の観点からも重要であると考える．3 つ目は「公式」「在野」を含めた観光人材が活躍できる地域づくりが求められることである．それは，敷田が言うように DMO が観光まちづくりまでを市場化させたり，「戦略」や「エビデンス」のみで判断し，「在野」の観光人材の自由で創造的な活動を等閑視したり，排除したりしないことである．DMO は，KPI のように数値目標を掲げなければならないという制約は存在するが，これまでの事例からわかるように，量的な評価からは測ることのできない地域へのインパクトや人材が，観光まちづくりの取組の中から生まれることがあるからである．地域の特性や文化に即した観光まちづくりを尊重し，それを取り入れることが地域の観光政策には求められる．

注

1）　平田オリザは，（地方出身の）学生が地元に帰らないのは「雇用がないから」ではなく，「つまらない」のが理由であることを指摘している（平田 2016）.

2）　松岡亮（2013）「観光立国実現に向けた取組と課題——訪日外国人旅行者数 1,000 万人を達成するために——」『立法と調査』2013.7 No.342（https://www.sangiin.go.jp/japanese/annai/chousa/rippou_chousa/backnumber/2013pdf/20130701048.pdf，2021 年 10 月 10 日閲覧）.

3）　国土交通省「観光立国推進基本計画について」（https://www.mlit.go.jp/kisha/kisha07/01/010629_3_.html，2021 年 10 月 10 日閲覧）.

4）　国連世界観光機関（UNWTO）は，DMO を「様々な関係機関，利害関係者及び観光従事者を取りまとめ，デスティネーションの共通ビジョンに向かって連携を促す主導的な組織」であると定義している（UNWTO）.

5）「まち・ひと・しごと創生総合戦略について（平成 26 年 12 月 27 日閣議決定）」（https://www.chisou.go.jp/sousei/info/pdf/20141227siryou5.pdf，2021 年 10 月 16 日閲

覧）．

6）「『日本再興戦略』改訂 2015」（https://www.kantei.go.jp/jp/singi/keizaisaisei/pdf/dai1jp.pdf，2021 年 10 月 16 日閲覧）．

7）観光庁「観光地域づくり法人の登録について」（https://www.mlit.go.jp/kankocho/page04_000049.html，2021 年 10 月 18 日閲覧）．

8）敷田は，観光地域ガバナンスを「観光事業に依存度の高い観光地を含む地域のガバナンスであり，地域内での異質な活動を調整する仕組みでもある」としている．

9）福知山ジャスコ（現イオン福知山店．1998 年開業）や SUPER CENTER PLANT-3 福知山店（2008 年開業）など．

10）「再びまちの賑わいを ゆらのガーデンが営業再開」『両丹日日新聞』2015 年 5 月 1 日．

11）「水害被災店舗が協力 ゆらのガーデンで水遊び」『両丹日日新聞』2018 年 8 月 3 日．

12）「洋菓子マウンテン」（https://www.naomi-mizuno.com/about，2021 年 10 月 13 日閲覧）．

13）2020 年，2021 年は新型コロナウイルス感染拡大のため中止となった．

14）「迫る『光秀大河』放送 福知山城で手づくり甲冑隊活躍」『両丹日日新聞』2020 年 1 月 1 日のニュース（https://www.ryoutan.co.jp/articles/2020/01/89771/，2021 年 10 月 18 日閲覧）．

15）福知山光秀ミュージアム（https://www.city.fukuchiyama.lg.jp/site/mitsuhidemuseum/，2021 年 10 月 18 日閲覧）．

16）2009 年，この建物に「いっぷくせんべい半月庵」という煎餅屋がオープンし現在に至る．

17）「磨けば光る 町家の挑戦 あやべ町屋倶楽部」『朝日新聞』（https://digital.asahi.com/articles/ASM5R03RHM5QPLZB01H.html?pn=4，2021 年 10 月 18 日閲覧）．

18）持続可能な農ある小さな暮らしをベースに，天与の才（X＝天職，生きがいなど）を世に活かす生き方のこと．塩見直紀が 2003 年に『半農半 X という生き方』を著したことで広く知られるようになった（塩見 2014）．

19）最近は，市内に焼肉店が多く立地することに着目したほか，ジビエの消費拡大を目指し「肉のまち」としての PR も始めている．

20）綾部市内における全企業数 1140 社のうち，製造業は 146 社で，全産業の約 13％を占める．ちなみに隣接する福知山市，舞鶴市はともに約 7％である（地域経済分析システム RESAS「2016 年 企業数（企業単位）大分類」より）．

参考文献

井口貢（2018）『反・観光学 柳田國男から，「しごころ」を養う文化観光政策へ』ナカニシヤ出版．

遠藤英樹・橋本和也・神田孝治編著（2019）『現代観光学 ツーリズムから「いま」が見える』新曜社.

大社充著・事業構想大学院大学編（2018）『DMO 入門 官民連携のイノベーション』事業構想大学院大学出版部.

カー，アレックス・清野由美（2019）『観光亡国論』中央公論新社.

片山泰輔（2019）「日本における観光と文化政策」『文化政策研究』13，日本文化政策学会.

小林大祐「コラム 4 歴史をつなぐ，人をつなぐ――京都向島・伏見・福知山に見る『市民まつり』のかたち――」片山明久編著『旅行者と地域が創造する「ものがたり観光」』ミネルヴァ書房.

塩見直紀（2014）『半農半 X という生き方 [決定版]』筑摩書房.

塩見直紀・藤山浩・宇根豊・榊田みどり編（2021）『半農半 X これまで・これから』創森社.

敷田麻実（2021）「新しい観光まちづくりへの期待と観光地経営」『観光学評論』 9（1），観光学術学会.

高橋一夫（2017）『DMO 観光地経営のイノベーション』学芸出版社.

天職観光〈https://www.tenshokukankou.com〉2021 年 10 月 18 日閲覧.

福島慶太（2020）『麒麟を呼ぶ』PHP.

福知山市（2011）『福知山市中心市街地活性化基本計画』(https://www.chisou.go.jp/tiiki/chukatu/pdf_nintei/107_fukuchiyama_full.pdf，2021 年 10 月 19 日閲覧).

福知山まちづくり会社（http://fukuchi-machi.com/，2021 年 10 月 13 日閲覧).

福知山ワンダーマーケット（https://wonderfukuchiyama.net/，2021 年 10 月 19 日閲覧).

平田オリザ（2013）『新しい広場をつくる　市民芸術概論綱要』岩波書店.

――――（2016）『下り坂をそろそろと下る』講談社.

宮本茂樹（2021）「観光ビジネスから見た宇治・伏見」片山明久編著『旅行者と地域が創造する「ものがたり観光」』ミネルヴァ書房.

室井研二（2017）「過疎地のアートプロジェクトと地域活性化」三浦典子・横田尚俊・速水聖子編著『地域再生の社会学』学文社.

UNWTO「デスティネーション・マネジメント・オーガニゼーション（DMO）の組織力強化のための UNWTO ガイドライン」(https://unwto-ap.org/wp-content/uploads/2020/06/final-DMO-1.pdf，2021 年 10 月 16 日閲覧).

第**10**章 地域経営におけるまちづくり

鈴 木 康 久

はじめに
——行政マンから見た「まちづくり」 30年間の流れ——

　「地域経営」は，まちづくりを進める方々にとって留意すべき言葉ではないだろうか．「地域経営」は，遠藤も示すように決められた定義はないが，「地域経営」という言葉が一般的に使われ始めた 2000 年ごろは，地域単位での行政の総合化や地域の公共部門に投入された資源の有効活用など，行政改革を意識した概念として使われていた．その後，言葉の概念が拡がり，2017 年には日本学術会議の検討分科会が暫定的な定義として「地域社会全体を経営主体として，地域内の各種経営主体が連携・協働して，持続可能な自立した地域社会の創生に向けて，地域特性・地域資源を活かした地域価値の創造のための課題設定とその解決を図る科学的知識の体系である」と示している（遠藤 2018）．無論，この定義には異論はないが，筆者は中でも 2 つの視点が重要と考えている．第 1 に「地域でお金が廻る．地域で暮らしていけるお金が落ちる」，第 2 に「地域おける関係性から役割が定まる．地域のとって必要な人材が確保できる」ことである．本章では，筆者がまちづくりにおいて，2 つの視点である「資金」と「人的資本」を重視するようになった経緯を述べていく．

第1節　過疎地域の活性化

1-1　中山間地域対策の実態

　もう 30 年も前のことになる．筆者は京都府庁の若手職員として，中山間地域対策に頭を悩まし，農林水産省が進める「中山間ふるさと・水と土保全推進

事業」（1990 年創設）に取り組んでいた（1995 年 4 月から 1998 年 5 月まで担当）．この事業に取り組む中で，大野が 1991 年から提唱していた「限界集落」の概念を用いることで，過疎が進む中山間地域における集落の実態を明確化できると考えるようになった．大野は限界集落を「65 歳人口が 50％以上」になることと併せて，「冠婚葬祭などの地域住民活動の維持が困難になる」ことの 2 つの方向性から定義している．

　筆者は京都府の中山間地域の衰退状況を把握し，施策を検討するために府内の全農村集落への調査を上司に願いでた．耕地課内での議論を経て，1995 年に京都府として農家戸数が 5 戸以上の 1674 集落を対象に，「土地改良施設などの集落共同管理活動（水路・農道・ため池）」に関するアンケート調査を行った．回答があった 1029 集落（61.5％）のアンケート結果から府内全域において延べ 35 万人が 1 万回，100 万時間をかけて，約 1 万 5000 km の水路と 8000 km の農道を管理しているが，将来の対応として中山間地域 678 集落の約 1 割が共同管理を放棄する意向であることが明らかとなり，限界集落となる可能性が確認された．10 年間の共同管理の変化については，中山間地域（5 法指定地域）における共同作業量の減少率は 13〜20％と，平地の 6〜12％よりも高い数値を示していた．特に，共同管理の実施量，参加人数，回数が減少し，現在 20 名以下（旧村単位での 1 集落当りの平均値）で管理を行っている地域は，「丹後地域：伊根町，伊根町周辺の宮津市旧村，久御山町一部」，「中丹地域：綾部市の中・奥上林と夜久野町及び夜久野町周辺」，「南丹地域：美山町の一部，亀岡市の西部」，「山城地域：南山城村」であった．これらの地域は，DID 地域[1]までの時間距離が 30 分以上かかる府内でも交通の利便性が悪い地域であることが確認された．

　1996 年度は実態を把握するために，アンケート調査で共同管理を放棄すると回答した 15 集落と，逆に同条件でも適正な共同管理を行っていると市町村から推薦のあった 4 集落においてヒアリング調査を行った．その結果，集落を維持するために必要な道路と水路の管理が難しくなっている要因として総戸数や平均世帯人数，高齢化率などの過疎化指標に併せて，「行き止まりの集落」の地理的要因があげられた．逆に過疎化が厳しくても「高い営農意欲」や「高い集落意識」がある集落は適正な管理がされている状況がみられた．筆者が作成した『京都府農村地域の維持管理実態調査研究報告書』（1998 年）では，ここ

ではサンプル数が少ないことと目的が異なるために言及しなかったが，同様に過疎化が進み，行き止まりの集落であっても「グリーン・ツーリズム（都市農村交流）」を行っている集落は，他との関係性が住民の意識を変えることで地域振興の意識が高く，集落の疲弊度が低いように思えた.

　もう一点，ヒアリング調査で筆者が認識した重要な点は，新規住民の存在である．多くの集落には新規住民が移住しており，集落戸数が10戸を切ると旧住民が新規住民を集落の担い手として認めている．この理由を聞くと「お葬式を出すことができなくなる」からという回答があり，冠婚葬祭の重要性を認識させられた．改めて思うと，限界集落を規定する概念の2つ目である「地域住民活動の維持」は，本著が論じる地域経営の一端を示しているといえよう．この集落共同管理活動の支援として，2000年度から「中山間等直接支払制度」などの事業が制度化されている.

1-2　地域意識の醸成——グリーン・ツーリズムなど——

　その後，筆者は第5次京都府総合計画の策定に従事し，計画策定後の2002年から前述の「グリーン・ツーリズム」の担当となる．グリーン・ツーリズムは農林水産省が1992年に欧州の農村滞在型旅行を参考に，「農村地域の自然，文化を保全した農村活性化」や「都市住民の農林漁業・農村への理解の増進」などを目的とした施策である．当時，行政機関が行う農業体験ツアーは参加費無料の企画が多かったが，それでは継続できないと考え，ツアーの主催は旅行会社にお願いし，交通費や体験費，旅行会社の必要経費などは参加者負担とした．集落を巡り農業体験の企画づくりを行う中で気付いたのは，個人にお願いしても京都府からの依頼を集落として受け止め，集落内で協議を行い体験内容と役割分担を決められていることであった．地域での結びつきが強い日本の農村におけるグリーン・ツーリズムは，欧州とは異なり集落型での取り組みが多く，集落にとって大きな収入源となるように感じられた．まさに，独自の文化価値を重視した地域経営といえる.

　ツアーで訪れる都市住民は満足され，受け入れる集落の方々も笑顔になり少額の収益もある．しかし，単発の実施では集落の収益構造に大きな変化が生まれなかった．継続するためには専門の組織が必要で，集落の方々の意識を企業的な仕組みに落とし込まないと現状は変わらない．だが，集落の方々の年齢は

60 代以上で，これまでの暮らし方を変えてまで，新たな観光事業に取組む必然性を見出す可能性は低いように感じた．

　一方で集落の方々は，安心して受け入れることができる移住者，それも若い夫婦を求めていることもわかってきた．京都府として就農者を受け入れる事業は実施していたが，田舎暮らしの希望者を受け入れる事業は実施していなかった．そこで，京都府が全国に先駆けて 2006 年に設置したのが「京の田舎ぐらし・ふるさとセンター」である．当時，予算協議のために類似事例の全国調査を行ったが，都道府県で田舎暮らしを組織的に推進しているのは島根県の財団だけであった．

　新規住民が定住することで新たな人材による農村の維持や，子どもの存在が村の未来への希望となる二次的効果も期待できる，実質的な経済効果も生まれる．コロナ禍前において，京都市は観光施策の推進に際して，市民一人の年間消費額を 125 万円と試算し，日本人観光客（宿泊 5 万円，日帰り 1.5 万円）と外国人観光客（15 万円）の消費額と比較するなかで，5000 万人を超える観光客の経済効果の 1 兆 1268 万円（2017 年度）が京都市民の 77.5 万人分に相当するとしている．これは，逆に定住による経済効果が高いことの裏返しではないだろうか．地域経営の基本は，地域に人が住むことにある．

1-3　地域企業（コミュニティビジネス[2]）の必要性

　視点を変えて企業的なまちづくりで話題になっていたのが鹿児島県鹿屋市の柳谷集落の「やねだん」や，高知県馬路村の「馬路村農協」である．やねだんは，1998 年から地域経営を行うため自主財源を確保する取り組みに着手し，芋焼酎「やねだん」などのヒット商品を生み出して，集落全ての世帯者にボーナスを手渡したことが話題となった．

　馬路村も年間 30 億円を売り上げる馬路村農協のゆず商品がまちづくりの代表例となった．商品は 1986 年に発売のぽん酢しょうゆ「ゆず村」から始まり，大ヒットしたゆずドリンク「ごっくん馬路村」（1988 年発売）である．これらは集落や村をまるごと売り込む販売戦略で進められたことに特徴がある．

　同様の地域企業として大ブレイクしたのが，徳島県上勝町の葉っぱビジネスである．株式会社いろどりが 1999 年に導入した IT システムは農村部のまちづくりでは斬新であった．当時は地域経営の言葉を用いて，これらの事例が紹

介されることはなかったように思うが，地域住民が運営する企業などが様々な事業を展開するなかで，地域が経済的に潤っており，まさに地域経営のトップランナーといえよう．

これらの取り組みと同様に住民主体の地域づくりが求められた時代のなかでクローズアップされたのが「コミュニティビジネス」である．子育てなどで生じる地域課題を地域住民がビジネス的手法を用いて解決する．この社会課題の解決を地域の概念を越えて，社会を対象に展開するのがソーシャルビジネスに³⁾なろう．

筆者は，2011 年にロンドンでソーシャルビジネスに関する調査を行い，その結果を踏まえて知事へ「ソーシャルビジネス・センター」の提案を行った．その結果，2012 年 4 月に京都府ソーシャルビジネス・センターが設置された．センターが取り組んだ事業は，筆者が想定していた社会的課題の解決を志す若者の起業支援ではなく，地域再生をビジネス的視点で支援する「京都ちーびず（地域力ビジネス）」であった．京都ちーびずは，府民が力を合わせてビジネス的手法で財源をつくり，地域の仕事や雇用を生み出して 地域課題の解決（まちづくり）を継続する取り組みと規定し，「コミュニティビジネス」の側面が強い事業となった．

1-4 地域力の再生

これまで述べてきたビジネスとは異なる視点でのまちづくりが，ボランタリーな住民活動である．筆者は 2005 年から 2015 年まで，「行政と NPO との協働」，「地域力再生」などの施策・事業に従事している．この 10 年間は「京都府 NPO パートナーシップセンター」の設立・運営から始まり，市民が市民活動を支援する寄付制度を形づけた「公益財団法人京都地域創造金」の設立・運営などの新たな組織づくりから，公共人材を育成するための地域公共人材やプロボノ⁴⁾などの制度化を進めた．また，そのためには人材が必要であることから NPO の方に京都府職員として NPO パートナーシップセンターで相談業務を行う協働コーディネーターや地元に居住しまちづくり進める半官半民の公共員などをお願いし，「地域力再生プロジェクト」として様々な事業に取り組んできた．

「地域力再生プロジェクト」は，地域に暮らす住民が協力して自主的に，暮

らしやすく魅力的なまちづくりに取り組む「地域力再生活動」を市町村と連携して支援する施策である．プロジェクト当初の 5 年間は担当として，残りの半分の 5 年間は課長として全体の指揮をとらせていただいた．10 年間で変わらない想いは，社会に役に立ちたいと思っている方々の想いの実現である．府政にとっての必要性は関係なく，何かを実現したい方の一歩を支援する．相談に来られる多くは，一人では実現できないためチームをつくることになる．資金を投じての雇用は考えておられないので，想いで人とつながり，グループで活動を進めることになる．無償の活動では，メンバーを集うための力（魅力）が必要となる．それには活動（ミッション）や魅力は重要であるが，多くの場合リーダーの魅力，グループメンバーの魅力によってメンバーが集まっている．この 10 年間で約 500 団体の活動に関わってきた．それぞれの団体は，資金不足，ミッションの実現方法，活動の拡大（周知），事業の継続などの課題を抱えている．

　住民活動の支援を行うなかで，意識するようになったのは「住民自治社会の新しいモデルを京都からつくる」ことである．大きな概念であるが，イギリスでトニー・ブレアの労働党政権が打ち出した「ビック・ソサエティー（大きな社会）」の概念を掲げたことに共通すると考えている．住民自治社会の構築には，それぞれの団体が提供するサービスの継続が重要となるが，想いだけ（無償）で全ての時間を注ぐことは難しい．そのための資金確保を不安定な助成金に頼り続けることはできない．会費で行うには無理がある．やはり，ビジネス的手法による自主財源が必要と考え，前述のソーシャルビジネス・センターの提案に至った（鈴木 2014）．

　さらに大きな仕掛けである「まち・ひと・仕事創生本部」が進めている「小さな拠点」（第 1 章参照）についても庁内横断チームの一員として関わった．「小さな拠点」の特徴は，「地域住民が主体となった集落生活圏の将来像の合意形成」と「持続的な取組体制の確立（地域運営組織の形成）」を目的としたことにある．地域の将来ビジョンを共にする地域住民が主体となった地域運営組織といえよう．理念は素晴らしいが，地域それぞれの特性によって形式が異なることもあり，「小さな拠点の概念」が社会に定着していないように思える．それぞれの取り組みは時代の先端を担っていたが，対処療法であったのかもしれない．

　ここまで京都府職員（行政マン）の視点から 1990 年以降のまちづくりの経緯

を述べてきた．本来であれば，地域経営とまちづくりの経緯について俯瞰的な立場から示すべきであるが，あえて，行政マンの想いを伝える形態とした．過疎化の中で地域が疲弊する状態となっても，グリーン・ツーリズムなどで地域住民が共通の目的を持ち，地域内外と関係性を深めることで地域活力が高まる．一方で事業継続のためには資金が必要であり，補助金に頼らない自主財源を確保するためにはビジネス的な手法を取り入れることも重要となる．これは最初に述べた「資金」と「人的資本」が地域の中で確保されることだと考えている．

第2節　南丹市美山町における「地域経営」
—— 3つの事例 ——

　まちづくりに地域経営の視点が重要といっても，地域の概念は広く，範囲に応じて経営手法も違ってくる．地域の単位は，市町村，旧村や集落など様々で，住民の思いもそれぞれ異なる．実際にまちづくりを行うのは組織であり，資金や人材などの形態が持続的に成り立つ必要がある．地域経営はそれぞれの捉え方で異なるが，大きく捉えると地方行政機関も地域経営を担う組織といえよう．行政機関の管轄する範囲において必要とされる行政サービスの内容を議会が定め，行政機関が税金の形で収入を得て，行政職員が様々な行政サービスを提供している．ここに地域経営の原点の形態を見るが，まちづくりは単に行政サービスだけで行うことはできない．小田切が地域づくりには「内発性」，「総合性・多様性」，「革新性」の3つの含意があると定義しているように（小田切2014），その内容は地域資源や住民の意向に応じてまったく違うものになる．

　ここからは，まちづくりの事例として，コロナ禍までは70万人（2019年）が訪れていた南丹市美山町を取り上げ，集落単位で観光事業を展開する「有限会社きたむら」，旧村単位のまちづくりを担う「鶴ケ岡振興会」，美山町全域を対象に新たな産業を生みだす「美山ふるさと株式会社」の3つの事例を紹介する．

2-1　南丹市美山町の概要

　美山町は京都府のほぼ中央に位置し，町面積は340 km² で，平成の大合併前において京都府内の町村で最も広く，三国岳，頭巾山，長老山など，800〜900 m の連山に囲まれ，その山あいを美山川（由良川）が町の中央部を流れて

いる．この川沿いを中心に点在する 57 集落に 3559 人（2021 年 4 月）が暮らしている．これらの集落の特徴は，町内に残存している 213 棟（2007 年）のかやぶき家屋にある．その形式は「北山型入母屋造り」で，白川郷の合掌造りに代表される切妻造りと寄棟造りの両方の特徴を持ち，造形的に美しい様式とされている．主な産業は農林業であるが，町面積 340 km^2 の 96％が山林であるため，農業適地が少なく水田面積 261 ha，畑地面積 28 ha と農家一戸当たりの平均耕作水田面積は 65 アールと少ない（2015 年現在）．1955 年に 1 万 128 人であった人口は，現在 3559 人で，2015 年から 2020 年の 5 年間での人口減少率は 12％（522 人）と高い数値を示し，高齢化率も 44％から 48％に増加している．

　過疎化と高齢化が進んでいる南丹市美山町であるが，かやぶきの里北村や芦生原生林を中心にグリーン・ツーリズム（エコツーリズム）の展開で全国的に知られている町である．美山町が南丹市に合併される 2006 年までの地域振興の経緯は，地域経営とまちづくりを考える上で重要となる．

　この経緯について南丹市美山支所は 4 期に分けて説明している（南丹市美山支所産業建設課 2007）．第 1 期村おこしは，「農林業の振興」に位置づけられる．1978 年から，農地の荒廃と都市部への人口流出対策として，「田んぼは四角く，心は丸く」をスローガンにして，ほ場整備（土地基盤整備）と農業近代化施設などの整備に取り組んだ．整備後の利用についても，全集落に「農事組合」と「造林組合」を設立し，農林業の振興を基本に展開した．

　第 2 期村おこしは「都市との交流」である．村おこし元年となる 1989 年に「村おこし課」を設立し，鶴ヶ岡など 5 つの旧村単位で「村おこし委員会」を立ち上げ，様々な事業を展開するともに，都市住民との交流拠点となる「美山自然文化村」を開設した．この交流拠点施設は，宿泊，レストラン，オートキャンプ場，会議室，グランド，体験施設などの複合施設で，コロナ禍前は年間 10 万〜12 万人が利用している．また，1985 年ごろから芸術家などを中心に美山町で暮らしたい都市住民が増えてきたことを受けて，町では 1992 年 4 月に第 3 セクター「美山ふるさと株式会社」を設立し，移住希望者に空き家の紹介や住宅用地の提供などを始め，空き家の紹介は 100 戸以上を数える．

　第 3 期村おこしは「新産業おこし」であり，1993 年に「グリーン・ツーリズム整備構想策定委員会」を発足しモデル構想を策定した．そのコンセプトは，「住みよい農村空間づくり」，「都市住民のリゾート空間」，「IJU ターンの促進」，

「新しい農村サービス産業」,「交流の促進と新産業おこし」,「地域の活性化」である. この中で生まれてきたのが,「芦生の原生林ツアー (ガイド付き)」,「美しい美山の景観写真コンテスト」,「野草教室」など様々な事業である. 特に修学旅行の受け入れにも積極的で「見る観光」から「体験・行動する観光」を中心に進めている. 1998 年には山村留学センターも設置され, 小学 2 年生から 5 年生までの留学生も受け入れており, 2021 年度も 7 名の留学生が学んでいる.

第 4 期村おこしは,「住民主導の町づくり」で, 2001 年に 5 つの旧村ごとに住民と行政を結ぶ「振興会」を立ち上げ「日本一の田舎づくり」をめざして, 地域の将来計画を策定し官民一体となった町づくりを進めている. 振興会では,「住民の利便性を高める」,「地域課題の掘り起こし」,「人材の発掘及び育成」の 3 つの理念 (目標) を持ち, 住民の生活向上を主とした事業を展開している. 振興会の特徴は, 振興会独自の予算を持ち, 町の課長級の職員が常駐し, 地元の要望を直接聞き取るなかで, 住民と共に事業内容を決める仕組みを持っていることにあった. 2006 年に周辺の園部町など 4 つの町が合併し, 南丹市美山町となった. 現在, 町役場は支所となり, 各振興会への支援も縮小するなかではあるが, 新たな展開が進んでいる. 1989 年の村おこし元年から始まった美山町のまちづくりが, 集落, 旧村, 町全域での地域経営を生み出すこととなった.

2-2 有限会社かやぶきの里

北集落は茅葺き民家が多く残っており, 自然景観とかやぶき民家が調和して, 日本の原風景を感じることができる. 北村集落は 1988 年に「第 3 回全国農村アメニティーコンクール 優秀賞」を受賞し, かやぶきの里として知られるようになり, 1993 年に国の重要伝統的建造物群保存地区として, 周囲の水田と山林を含む集落全体が選定された. 北集落内の住宅は山麓の傾斜地に石垣を築き, 段々に整地した宅地に建てられており. 茅葺き屋根の家屋の全景を一望することができる. 江戸時代中頃から末期にかけて建てられたかやぶき家屋は「北山型入母屋造り」に分類され, 丈の高い入母屋造の屋根と神社の千木のような飾りが特色である. 集落の世帯数は 47 戸で 96 人が暮らしており, 高齢化率は 44.7% である (2021 年現在).

当初はトタン屋根が多かったが 44 戸が修理修景事業の適用を受け, 数棟が葺き替えられ 39 棟が茅葺き屋根となっている (2021 年現在). 昔ながらの景観

図10-1　かやぶきの里　北村

筆者撮影.

　を楽しむことができることから，集落への推定入込客数は，1994年が6万人，1998年が8万人，2003年21万人，2008年23万人と増加しており，コロナ前は年間25万人が訪れる観光地となっている（**図10-1**）.

　北村かやぶきの里保存会が制作された25周年記念誌（北村かやぶきの里保存会2018）をベースにまちづくりの経緯を示すと，1988年に文化庁の保存対策調査事業の候補地になり，同年の10月に「かやぶき屋根保存組合」を結成し，屋根ふきの応援や素材である茅の貸し借りなどの仕組みを整え，他事例を学ぶことからまちづくりが始まった．1991年には集落センターの一階に地元の15人（男性4人，女性11人）が，きび餅やあわ餅などの加工販売を行う「北村きび工房」を設立したことに併せて，京都府の市町村シンボルづくり事業に北地区が指定された（中野 2012）．1992年にはシンボルづくり事業の1つとして「かやぶき民俗資料館」の整備に着手し，美山町としてもかやぶきの原風景を守るために「美山町伝統的建造物群保存地区保存条例」を制定した．1993年4月には「かやぶき民俗資料館」（現在，美山民俗資料館）を開館し，年間3万4000人の来訪者が5万人へと増えることとなった．1994年4月にかやぶき集落保存センター「お食事処きたむら」を開業した．開業に併せて，集落出身で大学を卒業する若者から店舗責任者としてまちづくりに参加したいとの意向があり，集落全体でまちづくりを進めていく意識が高まった．1995年には体験宿泊棟「民宿またべ」を開業した．これらの施設の特徴は，「お食事処きたむら」が

23 人の出資、「民宿またべ」では 13 人が出資するなど、運営資金の出資者（一口 5 万円）を募集していることである（宮崎 2002）．出資者の数人は無限出資者として経営にあたり、まちづくりを進めるために 1993 年に 48 戸の常住世帯の全戸が加入して組織された「かやぶきの里保存会」がすべての責任を負うこととなった．

　来訪者も毎年 5000 人ほどが増加する中、次の大きな転機は 2000 年に集落のほぼ全戸が出資して設立した「有限会社かやぶきの里」である．有限会社かやぶきの里は、北村きび工房など上記の 4 つの事業団体を統合し、これらの観光関連施設の運営と食材を確保するために集落農地の 8 ha の半分強に当たる約 5 ha でソバなどの耕作を行っている．その経営の特徴は地元雇用にある．2007 年の宮崎の調査によると、従業員は正社員が男性 5 名、パートが 27 名（男性 1 名、女性 26 名）であり、正社員の 5 名とパートの 11 名が北村集落の住民である．2006 年度の売上高は 1 億 4150 万円で 172 万円の純利益があり、2007 年度には出資者へ配当を行っている（宮崎 2011）．現在も集落住民の雇用を中心に考えており、そば打ち職人の 2 名ときび工房の担当 1 名を除き、各施設の責任者は北集落の住民である．ただ、設立当初は多くの住民が何らかの形で関わっていたが、現在での関わりは住民の半分以下になり、住民と観光の関係は薄くなっている．

　「有限会社かやぶきの里」と両輪といえる前述の「かやぶきの里保存会」が、1996 年の土地取引を契機に集落の景観を守るために 1999 年に制定したのが「北村かやぶきの里憲章」と「保全優先の基本理念」である．5 つの項目からなる憲章は「祖先から受け継いだ伝統的建造物群と美しい自然環境を誇り、守り、活力あるものとして後世に引継ぐ」ことを目的に定められ、実行に向けた基本理念として「集落の土地や家などを売ったり、無秩序に貸したりしない」、「店が立ち並ぶ観光地にせず、集落景観を現状のままで守る」、「茅葺きの散財する集落景観を経済活動や村おこしに生かす」などがある．この理念に基づき、集落内の藍美術館やピザカフェ、美山米パンなどの出店を保存会が認めている．保存会では出店の許可だけでなく、景観を守るために 3 つの住居を購入し、北村の景観を好んだアパレル関係者への賃貸やかやぶき職人の寮としての販売なども行っている．保存会の資金源として 2020 年 4 月から駐車場の有料化（大型バス 2000 円、普通乗用車 500 円）も始めた．

　保存会の中野忠樹会長へのヒアリング（2021 年 9 月 10 日）では，「おらが村」
の言葉を多く耳にする中で，集落全体を意識してかやぶき民家と周囲の自然景
観（農村）との調和を大切されていることがよく理解できた．ヒアリングにお
いて印象的であったのは，「この集落には 3 つの世代がある．上の世代は都会
に行かないとだめだ．自分達の世代はこの景観を活かして生きていく．次の世
代は藍美術館の家族やかやぶき職人アパレル会社の家族など，この集落が好き
で移り住んできた若者たちである」との発言で，時間軸での住民意識の違いを
明確にされていた．30 年以上，まちづくりに関わってきた中野会長から受け
たまちづくりの理念は，「かやぶきの里の景観を守る」ために住民関係と経済
行為のバランスを取ることが重要で，世代間で異なる価値に応じて手法を変化
させることを問わないことである．時代の求めに応じて形態を変えることがで
きる集落型の地域経営のように思えた．

2-3　鶴ヶ岡振興会・有限会社タナセン

　1955 年に美山町として合併する前までは地方自治を行っていた鶴ヶ岡村は，
18 集落からなる 307 世帯で人口 665 人（2021 年 4 月時点）の地域である．人口
はピークであった 1960 年の 2279 名から 2021 年の 665 名に減少しており，こ
の数年は年間 10 名ほどの減少となっている．1989 年に町の指導のもと鶴ヶ岡
村おこし委員会を立ち上げ，地域の活性化に取り組んでいたが，過疎化が進む
中で自治会や公民館，財産区，村おこし委員会などの村役が重なるようになり，
村役が重複することの軽減化と住民自治を進めるために各組織を一本化した
「鶴ヶ岡振興会」を 2001 年に設立した．組織を一本化することで，その場で解
決策を検討できることとなった．併せて，その解決策を実行するため町役場の
管理職と事務員の 2 名が常駐する体制と検討内容を実行するための予算が配分
された．2006 年の南丹市への合併後の現在（2021 年）も南丹市嘱託職員（非常
勤）の配置と，150 万円の予算が配分されている．2021 年の鶴ヶ岡振興会の年
間予算は，南丹市からの補助金 150 万円と約 300 世帯からの年会費 4800 円/世
帯を合わせて約 300 万円となる．

　鶴ヶ岡振興会では，「誰もが鶴ヶ岡地域に住み続けたい」と思えるまちづく
りを進めるために 2013 年に策定した「鶴ヶ岡地域振興計画」を 2020 年に改訂
するなど地域の将来ビジョンを描く役割を持っている．地域の目指す 5 つの将

図 10-2　ムラの駅たなせん

筆者撮影.

来像の中に，「人口を増やす」，「地域の所得を増やす」，「みんなが関わるまち
づくり」などがあり，前述の「資金」と「人的資本」について言及している．

　振興計画の方向性を明確にするために，「人口を増やす」を例にとると各集
落において 10 年間で一世帯の移住を進めるなどの目標値を設定しており，成
果指標を重視した計画となっている．組織は企画総務部，地域振興部，生涯学
習・社会教育部の 3 つの部から構成され，各部において「高齢者移送サービ
ス」，「空き家情報の調査把握と情報発信」，「農家民泊受け入れの推進」，「親水
公園の有効活用の検討」などの事業を進めている．

　鶴ヶ岡振興会と両輪の役割を持つのが「有限会社タナセン」である．有限会
社タナセンが設立された経緯は，1997 年に日用品の購買機能を持つ JA（農業
協同組合）の支所が廃止されることとなり，その対応を検討する組織として地
域振興協議会を結成した．協議会では日々の暮らしを守るために出資（一口 5
万円）を募り，地域住民 106 名などから集めた約 1000 万円の出資金のもとに
有限会社タナセンを設立し，1999 年に開設したのが「ムラの駅たなせん」で
ある（図 10-2）．タナセンは購買部，農事部，福祉部をもち，農家の方々が出品
している野菜や日用品，農作業用品など暮らしに密着した品を置いている．農
事部では耕作機械の貸し出しを行っている．福祉部では 2000 年に元気老人い
きがい施設「よっこらしょ」（厚生省事業）を開設する他，自家用車の運転がで
きない高齢者のために 2010 年から「ふるさとサポート便」を運行し，高齢者

の注文に応じて商品を届ける．他にも野菜の集荷（年間約400万円，5％が手数料）などを行うことは，安否確認にもつながっている．この他，福祉部では雪かきオペレーター（26名）による雪かきや，草刈の受託も行っている．有限会社タナセンと振興会が両輪であることは，振興会が2013年に国土交通省が行った「小さな拠点」のモニター調査地区（全国12ヶ所が採択）に応募し，補助金の500万円で15歳以上の全住民アンケートを行い，回答のあった573名の38.7％にあたる222名から希望のあった「高齢者移送サービス」を有限会社タナセンに委託（現在の委託額は年間10万円）していることからもわかる．

　有限会社タナセンの販売部の売上高は，2000年の約4000万円をピークに2015年には約2000万円に減少し，2013年以降は50万円ほどの赤字が続いている．この理由は1999年の村の人口が1146人であったが2016年には706人と減少していることに呼応しているためである．また，農事部や福祉部の売上は，転作業務や福祉事業の有無によって1000万円以上の変動がみられる．これらの変化に対応できる理由は，一定の固定経費は必要となるが，常勤の雇用者を持たずに住民の必要に応じて業務を行っているからである．

　2020年度までの8年間も鶴ヶ岡振興会の会長をされていた下田敏晴氏へのヒアリング（2021年9月11日）で，これらの取組ができる基本に「自分達の村は自分達で守る」の精神が息づいているからと感じた．ヒアリングの中で鶴ヶ岡のまちづくりの基本と受け取った内容は以下の通りである．

- ・アンケート結果で住み続けたいと思われている方が83.9％，村の活性化は収益を上げることが目的ではなく，住んでいる人が楽しいと思えることである．
- ・視察者から高齢者に手厚い事業を行うより，若者を重視する必要があるのではとの質問に，年寄を大切にしない場所に若者が住みたいと思わないと返答した．
- ・若者にイベントをお願いすると，皆で内容を検討して開催してくれる．注連縄や栃餅など文化を年配者から若者に継承する環境も整っている．全ての活動が人間関係で成り立っている．この人間関係は1つの言葉で示すことはできない．
- ・移住者は重要だと考え，新たな役員に移住10年目の方をお願いした．

この方が中心となって，移住者（約5世帯）が地域に馴染む環境をつくってもらいたい．

鶴ヶ岡振興会と有限会社タナセンは，ボランタリー型の地域経営の事例だと考える．一昔前の地縁型組織のようにも見えるが，振興会においてまちづくりの方向性を定め，数値目標を明確にすることで，一体となって事業を進める点が従来型の地縁組織とは異なる．もう一点は事業収入を業務量に応じて公平に分配する仕組みを有限会社タナセンが持っていることである．過疎化が進んでも「住み続けたい」との想いのもと，過疎化や事業収入の変化にも対応できる形態が保たれ続けると感じた．ある意味で変化に強い未来型の地域経営のように思える．

2-4　美山ふるさと株式会社

美山ふるさと株式会社は，1992年に第三セクターとして美山町役場の主導で設立された株式会社で，南丹市が64％の株式を保有している．2021年4月時点での組織は，総務部，地域振興部，マーケティング部，自然文化事業部の4つに分かれ，従業員75名（嘱託・パート職員含む：2021年9月）を雇用し，売上高が約5億5万円（2019年度）と町内において有数の企業である．業務内容は，「美山牛乳」（ジェラート，チーズなど）の加工・販売，宿泊体験施設「美山町自然文化村」と「道の駅・ふらっと美山店」の運営である．

設立当初のころ，小馬勝美元町役場助役（故人）は，「都市からの移住者が散見されるが，都会の別荘風の住宅を建てるなど美山の風土に馴染まない．受け入れ側で移住者の選別をしないといけない．住宅を紹介する時にはご夫婦に来てもらい，奥様の熱意を見て判断するようにしている」と話されていたことを思い出す．当初の業務内容は，空き家の斡旋であった，先にも述べたように数年で100戸以上の空き家を仲介し，町内で仲介できる空き家がなくなったので，1994年から1996年までに3ヶ所で宅地造成を行い販売している．

無論，美山町への移住者の全てがこの制度を使った訳ではないが，町としての姿勢を示した点において重要な役割を果たしたと考えている．この成果として，『美山町誌』（2005年）にも小学校の総児童数264名の内，移住者の児童数が90名と全体の34％を占めていることが記載されており，美山町において移

住者の受け入れは重要な施策であったことは検証するまでもない．現在も会社では移住事業を継続しているが，南丹市が空き家バンク「nancla　なんくら」を設立したことから，当初の役割を終えた部分もある．

　美山牛乳は2009年7月から始まった自主事業で3ヶ所の牧場の乳牛（100頭）から約3トンを生産している．販売を強化するために2014年にイオンモール京都桂川店に出店する他，道の駅・美山ふれあい広場店でソフトクリームとジェラートを販売しており，行列ができるほどの人気となっている．道の駅・ふらっと美山は，2002年に「ムラの駅たなせん」と同様に旧村平屋地域の住民が共同出資を行い有限会社ネットワーク平屋を設立し，地元の新鮮野菜や加工食品を中心に販売する「ふらっと美山」を開設した．交通の結節点に当たることもあり，多くの観光客が利用する販売所となり，2005年7月に道の駅に登録されたことで，さらに知名度が高まった．その後，2009年に株式会社ネットワーク平屋に商号変更し，2017年4月に美山ふるさと株式会社と合併して現在に至っている．

　もう1つの基幹施設である美山町自然文化村は，美山町の施設として1982年に用地買収（約6万㎡）を行い，都市農村交流のための町の基幹観光施設として1989年に開設した．コロナ禍前は年間10万～12万人が利用しており，1990年にかやぶき民家別館，1992年に文化ホール，1994年にレストラン河鹿荘の増築，1996年に研修センターやまびこ堂，1998年にいきいきドーム，2001年に大浴場と宿泊室を増設，2021年にさらに食堂と宿泊棟を増設している．開設当初のころ，館長が「できる企画は全てする．お客さんの反応で不評の企画は継続しない」と話されていたことを思い出す．町の施設であった美山自然文化村は，市町村合併の前に独自性を確保するために2005年に財団法人となり，2013年に一般財団法人へと移行した．2014年に美山ふるさと株式会社と統合し，新たな「美山ふるさと株式会社」となった．経営に際して，それぞれの部門の事業評価に基づき改善を図ると共に，新たな展開としてレストラン部門などの検討を行っている．

　美山ふるさと株式会社の常務取締役の高御堂厚氏へのヒアリング（2021年9月10日）の内容は以下の通りである．

　　・美山全体のイメージを打ち出すことが大切で，エコロッジなど環境の視

点を重視した町であることを伝える発信力が必要である.

・従業員の募集は会社の設立経緯もあり,地元雇用を優先するが,必要に応じて他市町村の方も採用している.美山町自然文化村で働く従業員28名の内,美山町出身者は7名と比率は低く,従業員寮も完備している.

・これからの経営を担う40代の層が薄いことも気になっている.会社内での人材育成(研修)も重要となる.

　これらの経緯から美山町の活性化を図りつつ,その一方で収益も重視しなければいけない企業体であることが理解できる.美山ふるさと株式会社は,京都市が2019年に施行した「京都市地域企業の持続的発展の推進に関する条例」で示す地域企業の3つの責務である「地域社会の一員」,「事業を通じて経済的価値や社会的価値を創造」,「市民や本市と共に地域を豊かにする」を実践する全国でも有数の地域企業といえる.

お わ り に

　これまで南丹市美山町で展開する「地域住民を顧客と考えたボランタリー型の鶴ヶ岡」,「観光客を顧客としながらも最終の満足度は地域住民に求める集落企業型の北村」,「地域企業型の美山ふるさと株式会社」の地域経営に関する形態を紹介してきた.この事例からまちづくりを進める組織には,組織設立の目的(ミッション),地域住民間の関係性,収益構造(ビジネスモデル),さらには雇用形態の4つが重要であることがわかる.

　これらの地域経営の事例と社会的企業(ソーシャルビジネスに取り組む企業)を比較してみたい.社会的企業については,谷本がその要件として社会性,事業性,革新性の3点をあげ,特に社会性と事業性をつなげる革新性が社会的企業にとって重要としている(谷本 2020).ソーシャル・イノベーションを全面に展開する若手起業家は,社会を変えるために革新性を重視し,社会からの賛同を力に変えて企業運営を行っている.一方で地域振興を主目的とする地域経営の原点は家族経営にあると筆者は考えている.3つの事例でたとえると,「鶴ヶ岡に住み続けたい」,「周囲の景観を守りたい」,「移住者を選別したい・

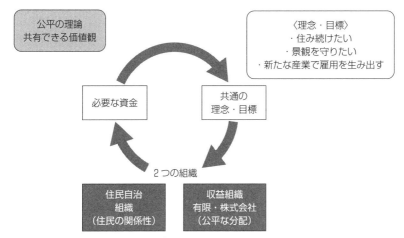

図 10-3　まちづくりにおける地域経営の概念図

出典：筆者作成.

新たな産業で収益を得て町内の雇用を生み出したい」などの目的は，個々の発想から家族，さらに大きな枠組みへの転換といえる．北海道の家族経営に関する近年の動向として，組織法人化が進んでいると仁平は報告している．その理由は個人で容易に購入できない機器への投資と，後継ぎの不在にある．家族経営では外部人材による経営継承が困難であることからの脱却である．しかし，組織法人においても土地などの資本出資，役割分担，構成員の平等な作業分担を基本とするため，事業継承についても子弟を中心に考えることになり，経営継承が進んでいない．また，組織内で人材育成方法が確立していない点が課題であると指摘している（仁平 2018）．美山町の事例においても同様の傾向がみられる．まちづくりを目的に地域住民の組織化を図ることで補助金を得て事業基盤を構築しているが，ヒアリングの限りでは人材の継承には至っていないように感じた．

　一方で地域経営に必要な，住民間での意識共有と関係性の構築は，住民組織づくりを進めるなかで醸成してきた．3つの事例の全てが，集落・旧村・町の住民組織と経済行為を行う企業体が一体となって地域経営によるまちづくりを進めている．この推進に際しては，組織が果たすテーマ（ミッション）と人間関係，さらには経済行為の3つのバランスが重要といえよう（**図 10-3**）．

　30 年ほど前にヨーロッパの地域づくりを学ぶために，ハワーズが提唱した田園都市として知られるレッジワースを訪ねたことがある．当時，町の 75%の土地を所有し，地域経営の見本である老人専用住宅，ショッピングモール，景観協定，病院，映画館，工場団地の整備，古い建物のリフォームなどの事業を展開するレッジワース・ガーデンシティ・ヘリテージ・ファンデーションのロバート氏に，「こんな素晴らしい町に暮らしている住民の方は幸せですね」と感想を伝えたが，財団のロバート氏は，困った表情をされ肯定も否定もされなかった．組織を設立した 1903 年からの歳月が理念を希薄にしたのではないだろうか．世界で最も美しい村と称されるコッツウォルズで観光協会の職員に課題を聞くと「住宅の価格が高騰し，若い方が購入できない」ことをあげられた．一方，移住者へのヒアリングでは「美しい村に住むことができて，とても満足している」とのことであった．地域経営におけるまちづくりには地域独自の文化や景観に対しての共有できる価値観と，目的の達成に向けて持続できる組織づくりが重要なのであろう．

　この持続性を確保する手法の 1 つが企業的な経営の仕組みを持つことである．そのためには，社会として支援する枠組みも必要となる．むろん，最後はまちづくりの本質となる誰もが共有できる価値観に立ち返らなければならない．

注
1）　DID 地域（人口集中地域）とは，日本の総務省統計局が行う国勢調査において設定される統計上の人口集中地区を示す．DID との表記は，英語の "Densely Inhabited District" を略したことによる．具体的には，市区町村の区域内で人口密度が 4000 人/km^2 以上の基本単位区が互いに隣接して人口が 5000 人以上となる地域をいう．

2）　コミュニティビジネス（Community Business）は 1990 年代後半から使われるようになった言葉で，明確な定義が定められていないが，地域が抱える課題をビジネス的な手法によって解決しようとする事業のことである．解決に際しては，コミュニティビジネスは地域の人材やノウハウ，施設，資金が活用されるケースが多く，地域における新たな創業や雇用の創出，働きがい，生きがいを生み出し，地域コミュニティの活性化に寄与するものと期待されている（第 4 章も参照のこと）．

3）　ソーシャルビジネス（Social business）は 2000 年代に入って使われるようになった言葉で，明確な定義が定められていないが，地域社会の課題解決に向けて，住民，NPO，企業など，様々な主体がビジネスの手法を活用して取り組む事業のことである．ソーシャルビジネスの展開によって，社会課題の解決だけでなく新たな起業や雇用の

創出などを通じた地域社会の活性化につながると期待されている（第 4 章も参照のこと）.

4）　プロボノ（Pro bono）に明確な定義はないが，各分野の専門家が職業上持っている知識やスキルを提供して社会貢献するボランティア活動全般．または，それに参加するボランティア自身をいう．その語源はラテン語で「公共善のために」を意味する pro bono publico の略した言葉である.

参考文献

遠藤尚秀（2018）「わが国における地域経営論の萌芽」『福知山公立大学研究紀要別冊』福知山公立大学.

小田切徳美（2014）『農山村は消滅しない』岩波書店.

北村かやぶきの里保存会（2018）『日本の原風景　京都・美山かやぶきの里』北村かやぶきの里保存会.

京都府農林水産部（1998）『京都府農村地域の維持管理実態 調査研究報告書』京都府農林水産部耕地課.

鈴木康久（2014）「ソーシャル・ビジネスと地方行政機関」山本隆『社会的企業論』法律文化社.

谷本寛治（2020）『企業社会——サスティナビリティ時代の経営学——』中央経済社.

中野秀代（2012）「かやぶきの里に味の彩りを」『なんたん　農業委員だより』17，南丹市農業委員会.

南丹市役所美山支所産業建設課（2007）『南丹市美山町の取り組みと課題について』.

仁平恒夫（2018）「水田地帯における農業法人の動向と課題」『北農』85(1)，北海道農事試験場北農會.

野村実（2021）「買い物弱者対策としての「小さな拠点」の役割——京都府南丹市美山町鶴ヶ岡地区の事例から——」『大谷大学真宗総合研究所研究紀要』38，大谷大学真宗総合研究所.

宮崎猛（2000）「集落共同管理活動と条件不利集落」宮崎猛編『環境保全と交流の地域づくり』昭和堂.

―――（2002）「中山間地域における新しい村づくりと地域経営」宮崎猛編『これからのグリーン・ツーリズム』家の光協会.

―――（2011）「農村コミュニティビジネスの役割と村づくりの課題」宮崎猛編『農村コミュニティビジネスとグリーン・ツーリズム』昭和堂.

美山ふるさと株式会社（2017）『会社案内』美山ふるさと株式会社.

美山町誌編纂委員会（2005）『美山町誌』（下巻）美山町.

人口・世帯数集計表・年齢別人口集計表：南丹市（city.nantan.kyoto.jp，2021 年 9 月 14 日閲覧）.

企業情報詳細 | 企業検索 | 京のまち企業訪問（city.kyoto.jp, 2021 年 9 月 14 日閲覧）．

京都市地域企業の持続的発展の推進に関する条例（jourei20190401.pdf（kyoto.lg.jp），2021 年 9 月 14 日閲覧）．

データで見る南丹市美山町 これまでと未来展：美山町宮島振興会（kyotomiyama.com, 2021 年 9 月 14 日閲覧）．

第11章 地域経営における地域経済
——邑南町の事例から——

寺 本 英 仁

はじめに

「今は，都会より田舎の方が暮らしに誇りを実感できる世の中に変わってきている——」．私はこの言葉を 2004（平成 16）年に邑南町が誕生してから，訴え続けてきた．2020 年にコロナウイルス感染が全世界に広がり，現在もコロナ禍が継続するなかで，訴え続けたその言葉は真実になりつつある．

だが，東京一極集中の状況には，コロナ禍でも拍車がかかり続け，地方は衰退の一途をたどっているのも事実だ．そもそも，私が住んでいる島根県は，「過疎発祥の地」といわれてきた．地方から都会へと人がどんどん移動した高度成長期真只中の 1966（昭和 41）年，国の経済審議会がまとめた「20 年後の地域経済ビジョン」で，島根県匹見町（現・益田市）が「過疎」の例として取り上げられたからだ．今でこそ，国の課題はコロナ対策になっているが，それ以前は，人口減少に伴う地方の過疎化が国の最重要課題の 1 つであったはずだ．

本章では，その課題を少子高齢化対策と地域経済の活性化で克服した島根県邑南町の事例をとりあげることによって，検証してみたい．

まず，邑南町の概要を述べる．邑南町は，島根県中南部に位置し，標高 100 ～600 m に位置する中山間地域である．中国山地を挟んで広島県に接しており，高速道路を利用すると広島空港まで 1 時間半から 2 時間ぐらいで行ける町である．2004（平成 16）年 10 月に「平成の大合併」で，羽須美村・瑞穂町・石見町の 3 町村が合併して発足した．合併時の人口は約 1 万 3000 人だったが，現在は約 1 万人に減少している．高齢化率も年々上り，現在は 44％までになった．典型的な「過疎」の町である（図 11-1）．

本章では，この邑南町における「過疎の町を変えた『食』と『農』」の事例

図 11-1　邑南町の風景（於保地盆地）

出典：邑南町資料.

を主に，地域経済の活性化の視点から分析し，人口減少社会における地域経営
について考察する.

第 1 節　邑南町の現状

　邑南町の現在の特殊合計出生率は 2.46（2015 年現在）で，過去 5 年間の平均
でも 2.0 を超えている. また，転入者と転出者の差によって生じる社会人口は，
3 年連続して増加している. 邑南町に U・I ターンしてきた人は，2015 年度で
ちょうど 100 人に達した.

　そのうち，20 代から 30 代の女性は 26 人もいる. 子育て世代にあたる 30 代
女性のコーホート変化率（ある期間に生まれた集団の将来人口を推測する方法）を町
の 12 地区で見ると，2011 年から 2016 年の間，8 地区で増加している.

　首都圏では，2013 年から 2017 年まで総人口は 2 ％増えた. しかし，年齢別
にみると，0 歳から 4 歳人口も 5 歳から 64 歳人口も，どちらも 1 ％減ってい
る. 増えているのは，65 歳以上の人口で 12％増，そのうち 75 歳以上に限れば
17％増である. つまり，首都圏で増えているのは，退職後の世代に当たる高齢
者だということになる.

　一方，邑南町の同時期の人口は 5 ％減ったが，0 歳から 4 歳までの人口が
3 ％増えた. 5 歳から 64 歳以上の人口は 9 ％減ったが，65 歳以上は増減なし
で，そのうち 75 歳以上は 7 ％減少した. この少子化時代に，邑南町では乳幼

児が増えているのである．その要因は，30 歳代の夫婦 U・I ターン者が増えていることにある．

なぜ，中山間地域の邑南町で若年層の人口増が実現できたのかを検証していけば，過疎化の進む全国の自治体の地域経営政策のヒントになるであろうし，都市部を含めた日本の少子高齢問題にも光がみえてくるのではないだろうか．

第 2 節　地域経済活性化のための地域内経済循環

2-1　二本柱の町の構想

合併してから 7 年半が経過した 2011 年（平成 23 年），邑南町は，人口減少をくいとめることを目的とし，若い人を呼び戻す魅力的な町づくりをするために，若者定住をターゲットにした 2 つのプロジェクトを始めた．

第 1 は，「日本一の子育て村構想」である．すなわち，中学卒業までの医療費無料，第 2 子からから保育料は完全無料という施策を中心に，「地域で子育て」をする町を目指した（図 11-2）．

第 2 に，「A 級グルメ構想」である．この「A 級グルメ構想」は，「本当に美味しいものは地方にあって，本当に美味しいものを知っているのは地方の人間である」ということをコンセプトにしている．地域の良質な農産物をいかし，「食」と「農」に関わる人材を育て，移住者も観光客も呼び込み，起業・開業

図 11-2　子育て村看板

出典：邑南町資料．

図 11-3　地元食材を活かしたＡ級グルメの料理
出典：地域商社ビレッジプライド邑南資料.

につなげて，地域経済を地域内で循環させていこうという戦略だ.

　地方創生において，各自治体がこぞって取り組んだ３つの事業は，「若者定住」「インバウンドを含む観光入り込み客の増加」「若者の起業」などだった.邑南町も例外ではない.その中核になったのが，「Ａ級グルメ構想」である.

　邑南町は，合併当初から，「食」で町おこしをしてきた.その「食」による町おこしの経緯のなかで，トライ＆エラーを繰り返し，やっと生まれた地方創生の秘策が「Ａ級グルメ構想」だった.

　最初は，地元の産品の販路を東京に求めた.この販路開拓の２つの失敗の経験が，「Ａ級グルメ構想」へとつながったのである.

2-2　東京へ特産品を売り込む

　販路拡大を都市部に求めた最初の失敗が，ブルーベリージャムの販売だった.合併当初，町は建設事業者に異業種参入を勧めていた.合併直後に大型公共事業が減り，今後も増える見込みがなかったため，建設事業者に業種転換を推奨したのである.そのなかでも，ブルーベリー栽培に取り組む事業者が多かった.

　このブルーベリージャムを東京のデパートに持参して，バイヤーに売り込んだ.だが，味を確かめる前に，バイヤーは口を揃えて「デザインがダサいですね」という.まずは，デザインをつくり直せとアドバイスしてくれたわけである.実は，ラベルのデザインは役場職員の筆者が作成していた.

　邑南町に帰り，バイヤーが紹介してくれたデザイナーとアポイントメントをとり，デザインの見積もりを依頼した.しかし，見積もり額は，30万円を超

えている．私が役場のパソコンを使ってラベルをデザインすれば無料でできるのに，プロのデザイナーに頼むと，こんなに高額なデザイン費を請求されることをこの時はじめて知ったのである．だが，あきらめるわけにはいかない．

　試行錯誤して完成させた新しいラベルのデザインの商品を持って，もう一度，生産者とともに東京のデパートに乗り込んだ．バイヤーは，デパートのジャム売り場に置くこと約束してくれた．だが，2週間もすると注文は，ピタリと止んだ．慌ててバイヤーに電話すると，「ブルーベリージャムは，どこの自治体のものもたいてい同じ製法で作られています．デパートとしても，いろんな町のジャムを陳列した方が，お客さまに喜んでもらえるので……」という．

　私たちは，町の利益を増やすために，様々な商品の第6次産業化に取り組んできた．しかし，デザイナーやデパートなど，都会の事業者の協力を得ないと都市部の消費者にそれらの商品を売ることはできない．しかも，都会の協力者に支払う謝礼金額は，自分たちの売り上げ金額を大きく上回る．結局，利益は出ないのである．

2-3　一流レストランをつくろう

　ブルーベリージャムの次に，特産品の石見和牛を都内の一流ホテルに売り込む戦略を立てた．だが，ホテルから来た発注の内容は，凄まじいものだった．石見和牛肉は，「年間200頭，未経産の雌牛」をキャッチフレーズとしている．しかし，ホテルからのオーダーは，「200頭分のヒレ肉とサーロインの高級部位を2週間のフェアで使いたい」というものだった．年間200頭しか売り出せないのに，2週間で200頭分なんて到底用意できるわけがない．しかも，その他のモモ肉やバラ肉などの部位は不要だという．人口約1万人の町の生産者では，大都会・東京の胃袋を賄うには限界があった．

　この2つの経験から，都会に販路を安易に求めてはいけないと痛感した．そこで，これらの経験を逆手に取り，「本当に美味しいものは地方にあって，美味しいものを知っているのは地方の人間である」を合言葉に，当時，流行っていたB級グルメではなく，A級グルメで人を呼ぼうと考えたのである．

　邑南町は，石見和牛肉をはじめ，キャビアや自然放牧の牛乳，さくらんぼなどの高級食材の宝庫である．この食材を使って東京の一流レストランのシェフが邑南町で開業し，料理を振る舞えば，全国から観光客が訪れるのではないか

とまず考えた.

　イタリアやフランスでは，ミシュランの星付きレストランは，ローマやミラノ，パリではなく，地方のいなかに沢山存在すると聞いたことも，私の背中を押した．日本には，東京，大阪，京都など大都市にミシュランの星付きレストランが集中している．

　日本の地方はこれまで何をしてきたのか？　よい食材は地元に残さず，こぞって都会に出荷してきた．そして，市場で高値が付くことに誇りを持っただけではないか．この状況を打破する戦略こそ，「A 級グルメ構想」であり，

図 11-4　里山イタリアン「AJIKURA」
出典：「AJIKURA」資料.

図 11-5　「AJIKURA」コース料理
出典：「AJIKURA」資料.

その中核的存在が 2011 年に立ち上げた町立のレストラン「里山イタリアン AJIKURA」である．「AJIKURA」はランチで 1 万円以上するコースもあり，「銀座の高級イタリアンレストランよりも高い」と話題を呼び，オープン当時から多くのマスコミにとりあげられた．

　やがて，「AJIKURA」は，「若者定住」「観光客誘致」「起業家育成」の地方創生の 3 つの柱を成功させる秘策として全国から注目されることになる．これは，高級イタリアンで地方に観光客を呼び込むだけではなく，全国から料理人の卵を呼び寄せて 3 年間定住させ教育し，起業させるという前述の 3 つの柱を同時に解決する秘策だった．

2-4　主役は誰

　しかし，当初，「AJIKURA」の取り組みへの議会や住民の評価は，決して高くはなかった．この戦略は，まだ邑南町の住民になっていない移住者や観光客にはうけているが，邑南町に昔から住んでいる住民の気持ちは置き去りにしていたことに気がついた．

　住民の約 4 割 5 分は，65 歳を超えている．マーケティング的に言うと，この人口の最も多い層に支持される施策を展開していかなくてはいけない．あくまで，主役は住民でなのである．

　そこで，私は，「AJIKURA」の取り組みの視点を観光客や移住者から農家にシフトさせた．「邑南町の機関産業は農業である」と，町の各種計画書の冒頭に書いてあるが，その農業従事者のほとんどが，定年を迎えた世代である．私は，彼らに，「AJIKURA」を通して自分たちが丹生を込めた食材が都会の人々に感動を与えていることを知ってもらって，「AJIKURA」が彼らのプラットホームになればどんなにいいかと考えた．それ以降，「AJIKURA」では，農家を主役とした「農家ライブ」（生産者をメインゲストに迎え，その生産者の素材・食材を生かした料理の提供をする料理ショーイベント）を定期的に開催している．

　すると，都会から学びにきたシェフの卵たちは，農家を次第にリスペクトするようになってきた．そして，生産者自身の顔も見違えるほど，生き生きしてきたのである．そんな生産者の姿に，若者や観光客も魅力を感じてくれるようになってきた．

　そして，やがて，この A 級グルメの生産者自身が，観光資源にさえなって

きた．単に食べるだけでなく，その食材を生産した生産者に会いに行きたいという人が現れたのだ．ある意味，新たな関係人口が誕生したわけである．

2-5　いきいき暮らす高齢者

　邑南町のような地方は，昔から暮らしの中心に「食と農」があった．60歳になったら，農業を辞めて家で老後をじっと暮らす発想なんて全くない．田舎では，60歳になってからが本番なのである．

図 11-6　退職後，地元食材を使って菓子つくり
をする 70 代女性

出典：ビレッジプライド邑南資料.

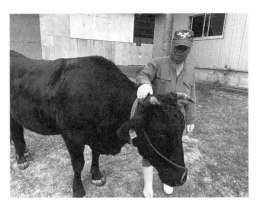

図 11-7　退職後酪農をする 70 代男性

出典：ビレッジプライド邑南資料.

　ところで，なぜ，地方に若者が住もうとしないのか．それは，多くの若者が「地方に魅力がない」と感じているからだ．そういった人たちに邑南町を見てもらえば，「それは違う」と理解してもらえるはずだ．

　邑南町の高齢者は，実に魅力的である．自らの地域資源を活用し，道の駅でお寿司を年間 700 万円以上も販売する 70 代の女性もいる．地方公務員を退職後，和牛の繁殖農家になり，重機を現金で買って乗り回している 70 歳代の男性もいる．邑南町は，「70 歳代 やりがい MAX 年収 MAX」を実現できる町なのだ．

　楽しく稼ぐ高齢者の姿は，未来の不安を抱く若者にとっては，たまらなく魅力的にうつるだろう．ワクワクするのである．そんな町には，住んでみたくなるはずだ．

2-6　地域内経済循環の確立

　最近，邑南町では，地域の課題を改善するために，地元の人間が出資して合同会社を立ち上げ，空き店舗や空き家を改修してパン屋や蕎麦屋を開き，都会の移住者を地域が受け入れる取り組みである「0 円起業」も出現してきた．資金が 0 円で済むのは，地元の金融機関に自分たちの起業の計画をプレゼンテーションし，その案が認められれば非常に安い金利で融資してもらえるシステムを構築したからだ．このように，地域の課題を自ら解決していく「ローカル・ガバナンス」こそが，今後の新しい地方創生ではないかと考える．

　若者が町に帰ってこないから企業を誘致するという話をよく耳にする．しかし，邑南町のような高齢化率 44％の町では，企業の働き手を探すのも至難の業だ．

　それよりも，住民一人ひとりが昨年より年間 1 万円多く稼ぐと，人口 1 万人×1 万円で，1 億円の金を創出することになる．その 1 億を町で使うと，年収 300 万の若者の仕事を，1 億円÷300 万＝毎年 33 人分，創出することができるということになる．住民自らが稼ぎ，それを町で消費することで，仕事を創出する．その結果が，ここ 3 年で 800 人以上の若者が邑南町に移り住んだ要因の 1 つではないかと考える．

　冒頭で述べたように，今は，田舎の方が暮らしに誇りが実感できる世の中だ．邑南町では，ビレッジプライド（地域の誇り）が芽生えつつあることを実感して

いる.

　しかし，邑南町が今まで築き上げてきたビレッジプライドは，コロナウイルスの世界的な蔓延で一気に崩れ落ちていってしまった．これまで，長い年月をかけて培ってきた邑南町の「食」と「農」および，その「食」を提供する飲食店は，コロナ感染が日本に蔓延した2020年（令和2年）4月には，真っ先に危機に直面した.

第3節　コロナと戦う邑南町の経済対策

3-1　飲食店を支えよう

　次に，コロナ渦以降の邑南町の状況とコロナ対策について述べさせていただきたい.

　2020年にコロナ感染が蔓延後，「町内に感染者を出してはいけない」という雰囲気が町内全般に感じ取れた．4月7日に緊急事態宣言が発令されてからは，特に，その色は濃くなった．感染源になる可能性が高いのは，「A級グルメのまち」というブランドを支えてくれた宿泊・飲食サービス業事業者である.

　私は，これらの事業者の感染源を抑えたいと思った．仮に，宿泊・飲食サービス事業者から感染者が出れば，営業休止に追い込まれ，風評被害も相当なものなるからである．そこで，宿泊・飲食サービス事業者の経営を守るために，感染予防を講じる事業者に対して最大20万円の補助金を出すことにした.

　しかし，その当時は国の臨時交付金は準備されておらず，新年度も始まったばかりということもあり，町の一般財源の予算化がされていないことから，補助金の財源がないという事態に直面したのである．私は，「食」と「農」で，ここまで活性化した町だからこそ，全国に先駆けて，この補助事業のスキーム(構想)を設計しなくてはならないと考えた.

　4月7日に議会の産業建設常任委員会でこの補助事業の構想について説明し，4月8日に専決処分で，とりあえず，全事業者60社のうち申請者は25社くらいだろうと想定し，500万円の予算化を計上した．結局，6月議会の補正で追加の300万円を予算計上し，計41社に，この補助金を申請してもらった．結果，町内事業者の7割が申請してくれたことになる.

3-2　新たなランチ文化

だが，緊急事態宣言が出てから現在まで，飲食事業者のお客の入りは回復していない．

特に，夜の営業については，コロナ前と比較すると壊滅的な状況である．そんななか，役場内では職員から「地元の飲食店を応援したい」という意見が多く出てきた．そこで，次に打った一手は，役場職員約 250 人の昼食を地元の飲食店にお弁当を配達してもらうことで賄う「邑南町職員弁当プロジェクト」と名づけた企画である．それまで，職員の多くは自宅から弁当を持参したり，自宅に食べに帰ったりする習慣があった．しかし，全職員に向けて協力のお願いをして，弁当を買ってもらうことにした．町の職員組合にも協力してもらい，なんと 2 ヶ月間の間で，1 日 100〜150 食近くの注文を得て，飲食店の支援をすることができた．

毎日，いくつかの飲食店に，交互に 600 円で統一した価格で弁当を持ってきてもらい，職員はそこから自由に各店舗の弁当を選べることにした．「今まで行ったことがなかった飲食店のお弁当を食べることができてうれしい」とか，「複数のお店のお弁当を役場にいて選べるのは楽しい」など，おおむね好評の感想が職員たちからは得られた．

このプロジェクトによって，飲食店の方々も役場職員の熱意を感じてくれたのではないか．さらに，「弁当プロジェクト」は，町役場だけでなく，町内の病院や社会福祉協議会など他の事業所にも浸透し，「A 級グルメのまち」邑南町の飲食店を町全体で支える動きに発展していったのである．

一年半経過した現在も，この動きは各事業所に残っていて，邑南町の新たなランチ文化にも成長しつつある．

3-3　中小企業対象の町の「独自の給付」と住民対象の「商品券」

次に，宿泊業や飲食業だけでなく，国の持続化給付金の対象にならなかったが，売り上げが前年の同月比と比較すると 20% から 50% 未満減少した町の中小企業に対して，一律 20 万円の給付を支給することを決めた．

国の持続化給付金は，法人 200 万円，個人事業主 100 万円を，売り上げが前年同月と比較して 50% 以上落ち込んだ事業者に対して支給するものである．だが，5 割の売り上げが減少するということは，すでに倒産寸前ということで

図 11-8　おおなん商品券
出典：ビレッジプライド邑南資料.

はないだろうか．町の事業者にヒアリングをしてみても，通常 10％でも売り上げが落ちると，経営は非常に厳しいという．しかし，この事業の執行率は 10％に留まった．ほとんどの事業者が，5 割以上の売り上げ減少に達してしまったため，国の持続化給付金の方に流れていったためである．

　さらに，経済状況の深刻さを考慮して，次に考え出したのは商品券だ．全邑南町民を対象に，1 人あたり 1 万 5000 円の町内のみで使用できる商品券「もらって幸せ　おおなん商品券」をお盆に配布した．この商品券の配布は，島根県内の市町村では最大級の経済対策となり，総額 1 億 6000 万円もの経常利益を上げることができた．

　7 月の臨時議会で承認してもらい，そこから商品券の印刷，取扱事業者の募集，販促物の印刷とかなりの突貫作業ではあったが，なんとか手渡しで 8 月のお盆を迎える前に実施することができた．お盆前に商品券を配布できるかできないかが，重要だった．町民や事業者のことを考えると，是が非でもその期日までに実行したかった．

　休日や夜遅くまで，作業をした町職員と，当日受け取りにきてくれた約 7 割もの町民の方々の協力があったからこそできた事業だと感じている．受け取りにこられなかった町民全員には，後日，自宅に郵送した．

図 11-9　Ａ級グルメを掲げたレストラン

出典：邑南町資料.

3-4　こんな時だからこそ，みんなで結束

　この，商品券事業を契機に飲食店も動き出した．前述の商品券は，小売業に利用が集中してしまうため，飲食店 17 店舗が「ワンサービス企画」と銘打った支払いの時に商品券を使用したお客様に一品サービスする別の企画を打ち出したのである．この企画を実行している飲食店には「Ａ級グルメ宣言店」宣言書を店内に掲げてもらった．

　元々，「Ａ級グルメ構想」は，行政主体の取り組みであったが，新型コロナウイルス問題で，徐々にではあるが民間の力の結束につながってきたのは不幸中の幸いである．

　このようにして，都市部で飲食店の廃業が目立つ中，「Ａ級グルメ構想」を掲げてきた邑南町は，コロナ禍での経営不振によって廃業をした店舗は，現在のところない．これが，地域力だと私は感じている．この地域力が，アフターコロナ後の地方創生に大きく影響するにちがいない．

第 4 節　地域の課題に向き合う地域商社の存在

　さらに，邑南町には一般社団法人「ビレッジプライド邑南」という地域商社も存在する．この地域商社「ビレッジプライド邑南」は，地域自治を行う地域商社ではないかと考えている．

図 11-10　研修中の「耕すシェフ」　　　　　図 11-11　カジュアル鉄板香夢里
（地域おこし協力隊員）　　　　出典：ビレッジプライド邑南資料.
出典：ビレッジプライド邑南資料.

　地域商社「ビレッジプライド邑南」は，2017 年（平成 29 年）に邑南町観光協会から分社化した法人である．分社化の目的としては，邑南町が目指す観光入り込み客数 100 万人を実現するべく町観光協会を戦略的組織にするため，それまで観光協会が取り組んでいた「食と農」の事業，特に「A 級グルメ構想」に関わる部分を地域商社として分社化することにあった.

　こうして誕生した「ビレッジプライド邑南」は，設立当時の 2017 年（平成 29 年）には，「A 級グルメ構想」の人材育成の中核的事業である「耕すシェフ」（総務省の「地域おこし協力隊」の制度を利用して邑南町に住んでいる若者に料理を教えシェフになってもらい，飲食店を開業してもらうことによって定住に結びつける事業）のコーディネート，および町民の食文化の意識の向上を目指した「食の学校」の運営のみを行う非常に小さな法人に過ぎなかった.

　しかし，2018 年（平成 30 年）には，邑南町が誇るイタリアンレストラン「AJIKURA」とは若干趣向を変えたカジュアルに鉄板焼きで石見和牛肉や石見ポークといったブランド肉を食べられるレストラン「カジュアル鉄板香夢里」

図 11-12　食の学校

出典：邑南町資料.

図 11-13　食の学校で料理を学ぶキッズたち

出典：邑南町資料.

の経営に乗り出した（**図 11-11**）. また, 2019 年（平成 31 年）には, 邑南町にある唯一の県立高校である矢上高校の寮の運営と, ふるさと納税の支援業務にも携わるようになったのである.

　矢上高校は, 人口減少により地元の中学卒業生だけでは維持が難しい状況が予想されたため, 町は高校を魅力化することに取り組んだ. その一方策として, A 級グルメを矢上高校に浸透させることを考えたのである. この中核的役割を担ったのが,「食の学校」だった.

　矢上高校は元々, 普通科と産業技術科の 2 科しかなく, 製菓や料理を専門と

する授業は，学ぶことができなかった．しかし，「食の学校」とタイアップすることで，2年連続，高校生の菓子コンクールの全国大会に出場することができるようにさえなったのである．その他，高校生を対象とした食の大会を「食の学校」がバックアップした結果，大きな成果をあげることができ，「食」に関連した勉強をしたいと志す生徒たちが集まってくれるようになった．

　もう1つ，高校野球にも着目した．今まで，初戦を中々勝ち抜くことができなかった矢上高校硬式野球部に，元広島東洋カープの選手を監督に招き，指導を仰いだ．その結果，秋期大会で優勝して21世紀枠の推薦校に選ばれるほどにチームは強くなった．惜しくも選抜甲子園の切符は逃したものの，県外から多くの入部希望者があり，現在，寮に約100名の高校生が入寮している．この寮生の食事も「ビレッジプライド邑南」が担い，地産地消を貫いている．

　また，前述したように，ふるさと納税の支援事業も行っている．邑南町は，2018年のふるさと納税額は5000万円程度しかなかった．この状況を打破するために，今まで支援業務（返礼品の開発，発送連絡，クレーム処理）を東京の業者に委託していたものを，町内事業者に限定をして公募し，地域商社「ビレッジプライド邑南」がその業者に選定された．

　地元事業者が支援業務を実施するメリットとして，返礼品を出品する生産者と身近な関係構築が可能になり，商品開発や在庫確認およびクレーム処理が円滑にできるようになることなどがあげられる．その結果，ふるさと納税の寄付額は，現在，約1億7000万円にまで伸びている．地域商社が返礼業務を担ったことが，地域からお金を出さない仕組みづくりに貢献したものと考えている．

　自治体は，観光協会や商工会に補助金を支出している．しかし，補助金を出しても，補助事業を実施するに留るだけでは，地域自体にお金を生む仕組みをつくり出すことは難しい．補助事業の中身をみると，ホームページやパンフレットなどのPR委託費と，それらを管理する人件費が大半で，その費用は県外に支出されることが多い．このような事業を内部化することで，地域にお金を落とし，循環させ，雇用を生むことができるのである．そういった意味合いで，「ビレッジプライド邑南」が，ふるさと納税の支援業務を町から受託したことは，大きな意味を持つ．

　「ビレッジプライド邑南」は，2021年（令和3年）に，福祉事業にも参入した．飲食店がコロナ禍で夜の営業ができないなか，余った時間で，町社会福祉協議

会と連携して，高齢者の配食サービスを開始したのである．今まで，Ａ級グルメといえば，観光客など外からの人を対象としたビジネスだと思われがちであった．だが，この配食サービスによって，独居老人で外食の機会がなかった町民もＡ級グルメを堪能できるようになったのだ．おまけに，配達をしながら見守支援も可能となった．こうして，飲食店が福祉事業とタイアップして，新たなビジネスが生まれたのである．

　また，地域商社自体も当初の特産品を外に売り出す発想から少しずつ脱却をしていき，「ビレッジプライド邑南」の本社がある日和地区の店舗運営とガソリンスタンドの運営にも乗り出している．日和地域は，人口は 400 人で，邑南町 12 地区の中でも最も人口の少ない地域の 1 つである．JA が運営していたスーパーとガソリンスタンドが撤退した時に，日和地区が運営の委託をされたのだが安定した経営には至らず，結果的に「ビレッジプライド邑南」が運営を任されることになった．

　そもそも，人口が少ない地域でビジネスをやっても赤字は継続，いや，増すばかりである．だが，日和地域に買い物難民を生みたくはなかった．工夫をして経営が成り立つ努力をしなければならない．

　そんななか，「ビレッジプライド邑南」の職員は，地域の集会に事あるごとに顔を出し，スーパーでの買い物をしてもらうように地区住民にお願いした．しかし，車で 10 分も行けば，役場の近くのスーパーマーケットがあり，日和の店舗より，同じ商品が安く買えるわけで，自動車を利用できる人に日和で買い物をするメリットはあまりない．だが，そこであきらめてしまえば，自動車を持たない高齢者は，買い物の手段をなくしてしまう．そこで，「ビレッジプライド邑南」は，日和地区の住民約 400 人の商品ニーズをカルテ化することに取りかかる計画をしている．

　欲しいものを自宅に定期的に届けることで，水やお米など重たいものを持ち運びしなくてもよいというメリットは，足のない高齢者にとっては，はかりしれない．また，このカルテ化のためのご用聞きを行うなかで，住民の困りごとを解決する「よろずサービス」も展開している．草刈りやサッシの取り替えなど，困りごとをスーパーに持ち帰り，その困りごとを解決できる住民を探して，有料で解決する．いわゆる有償ボランティアの仕組みづくりを同時に行った．これにより，誰一人取り残されない地域をつくることができるものと考えて

いる.

　来年には，このスーパーを拠点として，配食，買い物支援，よろずサービス，健康づくりなどを複合させた「日和地域住民生活向上センター（仮称）」を設立しようと準備を進めている.

　行政だけに頼るのではなく，自分の住んでいる地域は自分たち住民が守っていかなくてはならない．そのために，「ビレッジプライド邑南」のような複合型の地域商社が核となって機能する仕組みをつくっていくべきだと考えた.

　現在，ビレッジプライド邑南は正職員 13 名，臨時職員 17 名になっている．地域の課題をビジネス化して雇用をつくりあげていく．これこそ，人口減少問題に悩む中山間地域に風穴を開ける新しい政策ではないか.

お わ り に

　以上，人口約 1 万人の中山間地域である島根県邑南町における地域経営の事例を地域内経済循環の視座から論じた.

　邑南町の事例が全ての地域にあてはめられるわけではないかもしれない．しかし，それぞれの地域が，各々のふるさとを愛し，ビレッジプライドを醸成しながら，各々の地域課題に応じた地域経営を行い，地域内経済を循環させていくことは，日本全国共通の普遍的な地域経営の方策なのではないだろうか.

索　　引

《執筆者紹介》（執筆順，＊は編著者）

原 田　徹（はらだ　とおる）［第1章］
　佛教大学社会学部専任講師
主要業績
　『EU における政策過程と行政官僚制』（晃洋書房，2018 年）
　『EU──欧州統合の現在──』（共著，創元社，2020 年）
　『国境の思想──ビッグデータ時代の主権・セキュリティ・市民──』（共訳，岩波書店，2020 年）

鄭　年 皓（じょん　にょんほ）［第2章］
　福知山公立大学地域経営学部教授
主要業績
　"A study on the information sharing in supply chain network based on information entropy"
　　（共著，*Journal of Japan Industrial Management Association*, Vol. 64, No.2, 2013）
　『バランシングの経営管理・経営戦略と生産システム』（共編，文眞堂，2014 年）
　「非対称コミュニケーション・ネットワークにおける情報伝達確率の分析」（『経営行動研究年報』
　　29，2020 年）

谷 畑 英 吾（たにはた　えいご）［第3章］
　一般社団法人地方自治マネジメントプラットフォーム代表理事
主要業績
　『包括的地方自治ガバナンス改革』（共著，東洋経済新報社，2003 年）
　『発達支援をつなぐ地域の仕組み──糸賀一雄の遺志を継ぐ滋賀県湖南市の実践──』（共著，ミネ
　　ルヴァ書房，2014 年）

桜 井 政 成（さくらい　まさなり）［第4章］
　立命館大学政策科学部教授
主要業績
　『コミュニティの幸福論──助け合うことの社会学──』（明石書店，2020 年）
　『福祉 NPO・社会的企業の経済社会学──商業主義化の実証的検討──』（明石書店，2021 年）
　Social Economy in Asia: Realities and Perspectives（共著，Lexington Books, 2021）

岡 本 悦 司（おかもと　えつじ）［第5章］
　福知山公立大学地域経営学部医療福祉経営学科教授
主要業績
　『医療統計早わかり──オープンデータで見る医療の姿──』（『日本医事新報』2015 年1月特集号，
　　2015 年）
　「病床機能報告の病棟単位分析による病棟転換率等の分析」（『日本医療経営学会誌』14(1)，2020 年）
　「病床機能報告からみた退院調整部門職員配置と退院先との関連」（『福知山公立大学研究紀要』5
　　(1)，2021 年）

＊川 島 典 子（かわしま　のりこ）［第6章］
　福知山公立大学地域経営学部医療福祉経営学科教授
主要業績
　『アジアのなかのジェンダー』第2版（編著，ミネルヴァ書房，2015 年）
　『地域福祉政策論』（編著，学文社，2019 年）
　『ソーシャル・キャピタルに着目した包括的支援──結合型 SC の「町内会自治会」と橋渡し型 SC
　　の「NPO」による介護予防と子育て支援──』（晃洋書房，2020 年）

軍 司 聖 詞 （ぐんじ　さとし）**[第7章]**
福知山公立大学地域経営学部准教授，早稲田大学地域・地域間研究機構招聘研究員
主要業績
「大規模雇用型経営と常雇労働力――日本人と外国人技能実習生をともに雇う香川県の法人経営の
事例分析を中心に――」（共著，『農業経済研究』88(3)，2016年）
『日本の労働市場開放の現況と課題――農業における外国人技能実習生の重み――』（共著，筑波書
房，2017年）

倉 本　到 （くらもと　いたる）**[第8章]**
福知山公立大学情報学部教授
主要業績
"An Entertainment System Framework for Improving Motivation for Repetitive, Dull and
Monotonous Activities"（Maurtua, I.（eds.），*Human-Computer Interaction*, In-TECH press,
2009）
"Continuous Hospitality with Social Robots at a Hotel"（共著，*SN Applied Sciences*, Vol.2, No.
452, 2020, https://doi.org/10.1007/s42452-020-2192-7）
「いじめ場面を想定したキャッチボール課題における傍観行動の選択肢の導入効果」（共著，『ヒュー
マンインタフェース学会論文誌』23(2)，2021年，https://doi.org/10.11184/his.23.2_227）

滋 野 浩 毅 （しげの　ひろき）**[第9章]**
京都産業大学現代社会学部教授
主要業績
『人をつなげる観光戦略――人づくり・地域づくりの理論と実践――』（共著，ナカニシヤ出版，
2019年）
『京都から考える都市文化政策とまちづくり――伝統と革新の共存――』（共著，ミネルヴァ書房，
2019年）
『実践！　防災と協働のまちづくり――住民・企業・行政・大学で地域をつなぐ――』（共著，ミネ
ルヴァ書房，2021年）

鈴 木 康 久 （すずき　みちひさ）**[第10章]**
京都産業大学現代社会学部教授
主要業績
『水が語る京の暮らし――伝説・名水・食の文化――』（2010年，白川書院）
『はじめてのファシリテーション――実践者が語る手法と事例――』（編著，2019年，昭和堂）
『京都から考える　都市文化政策とまちづくり――伝統と革新の共存――』（共著，2019年，ミネル
ヴァ書房）

寺 本 英 仁 （てらもと　えいじ）**[第11章]**
元島根県邑南町商工観光課長，株式会社 Local Governance 代表取締役
主要業績
『ビレッジプライド――「0円起業」の町をつくった公務員の物語――』（ブックマン社，2018年）
『東京脱出論』（共著，ブックマン社，2020年）

人口減少社会の地域経営政策

| 2022年 7 月10日 | 初版第 1 刷発行 | ＊定価はカバーに |
| 2022年12月25日 | 初版第 2 刷発行 | 表示してあります |

編著者	川 島 典 子Ⓒ
発行者	萩 原 淳 平
印刷者	田 中 雅 博

発行所　株式会社　晃 洋 書 房

〒615-0026　京都市右京区西院北矢掛町 7 番地
電話　075(312)0788番(代)
振替口座　01040-6-32280

装丁　野田和浩　　　　印刷・製本　創栄図書印刷㈱

ISBN 978-4-7710-3640-6